全国高等职业教育公共课规划教材

应用文写作

主　编　何玲玲　周春霞

副主编　金秀平　吴　静　孟卫华

参　编　李慧芳　徐耀宏

中国铁道出版社
CHINA RAILWAY PUBLISHING HOUSE

内容简介

本书以“理论必需、够用”为原则，全面介绍了现代常用应用文的基础知识。

全书分为通用应用文和行业应用文两个部分，共十个单元。第一部分选取现代职场通用和常用的应用文，满足学生成为合格职业人的需要，主要包括事务文书、行政公文、求职文书和礼仪文书四个单元。第二部分选取各行业常用和基本的专业应用文，为提高学生的职业能力起到支撑作用。结合高职的专业设置和专业群需求，包括了经济类应用文、商务类应用文、艺术设计类应用文、旅游类应用文、法律类应用文、科技类应用文六个单元。

本书以任务为驱动，行动为导向进行编写，引导学生在“做中学，学中做，教学做合一”。各单元分为学习目标—任务导入—范文阅读—必需知识—拓展训练五项内容。内容精练，形式多样，按照职业、岗位及学生实际需求选取内容，减少应用文写作课程的枯燥和单调，从而增强学生的学习兴趣。

本书适合作为高等职业院校应用文写作课程的教学用书，也可作为应用文写作爱好者的自学参考用书。

图书在版编目（CIP）数据

应用文写作 / 何玲玲，周春霞主编. —北京：中国铁道出版社，2012.9（2017.9 重印）
全国高等职业教育公共课规划教材
ISBN 978-7-113-15243-7

Ⅰ. ①应… Ⅱ. ①何… ②周… Ⅲ. ①汉语—应用文—写作—高等职业教育—教材 Ⅳ. ①H152.3

中国版本图书馆 CIP 数据核字（2012）第 197015 号

书　　名：应用文写作
作　　者：何玲玲　周春霞　主编

策　　划：秦绪好
责任编辑：赵　鑫
编辑助理：刘　锜
封面设计：刘　颖
责任印制：李　佳

出版发行：中国铁道出版社（100054，北京市西城区右安门西街 8 号）
网　　址：http://www.51eds.com
印　　刷：北京鑫正大印刷有限公司
版　　次：2012 年 9 月第 1 版　　2017 年 9 月第 9 次印刷
开　　本：787mm×1 092mm　1/16　印张：11.25　字数：275 千
印　　数：17 501～20 700 册
书　　号：ISBN 978-7-113-15243-7
定　　价：25.00 元

全国高等职业教育公共课规划教材

专家委员会

全国高等职业教育公共课规划教材

编审委员会

序

《国家"十二五"规划纲要》、《国家中长期教育改革和发展规划纲要(2010—2020年)》、《教育部关于推进高等职业教育改革创新引领职业教育科学发展的若干意见》(教职成[2011]12号)等文件指出，我国经济社会发展已经进入新的时期，面对当前的新形势以及国家发展战略对高等职业教育改革提出的新需求，高等职业教育必须坚持以服务为宗旨、以就业为导向，走产学研结合发展道路的办学方针，以提高质量为核心，以增强特色为重点，创新体制机制，深化教育教学改革，抓住机遇、迎接挑战。进一步明确经济社会发展和高素质人才培养对高等职业教育提出的新期望，进一步准确把握高等职业教育在建设现代职业教育体系中的时代定位，进一步明确新时期赋予高等职业教育的新任务，推动高等职业教育事业在新时期实现科学发展，努力办出中国特色、世界水准的高等职业教育。

高等职业教育的公共课程是我国高职教育人才培养体系中的重要组成部分，然而在高等职业教育专业课程体系改革不断取得新进展的同时，对以传授知识为主的高职公共课程改革已经刻不容缓。自2008年以来，由北京联合大学高职所承担的北京市"十一五"期间职业院校教师素质提高工程项目，历时三年先后培训北京市高职公共课程教师393名，与此同时与参加培训的高职公共课程教师共同开展了高职公共课程改革研究，提出了公共课程在高职人才培养和课程体系中的定位、作用，并创新性地提出高职公共课程的职业基础分析方法和课程设计方法，并将职业基础分析作为高职公共课程设计开发的起点和基础。2011年教育部高职高专电子信息类专业教学指导委员会组织多所高职院校校长，从高职人才培养的整体考虑和课程体系系统建设视角，研究高职公共课程改革问题，一致决定按新的高职公共课程设计思想，探索高职公共课程改革的道路。在此基础上，我们组织全国多所高职院校公共课教育的教师进行"全国高等职业教育公共课规划教材"的开发与教学资源建设工作，希望通过我们的努力，进一步推动高职公共课程的改革。

高职公共课程的目的在于培养学生作为社会人的公民意识、社会责任，作为职业人的适应职业生涯发展的基本职业能力。因此职业基础分析主要包括三方面内容：通识素质—能力分析、职业基础核心能力分析和新需求能力分析。

1. 通识素质—能力分析

通识教育是面向全体学生所实施的一种培养健全品格和理性精神的教育。高职通识教育的本质就是使学生建立作为社会人的公民意识、社会责任，学会做人、学会做事、学会生存，拥有谋生与自立的能力，使之成为受过高等教育、有教养的高级技能型人才，成为一个负责任的公民。

2. 职业基础核心能力分析

职业基础核心能力基本上与我国劳动和社会保障部于2007年公布的"职业核心能力"相一致，反映了人们职业生涯中除岗位专业能力之外的基本能力，适用于各种职业，适应岗位的不断变换，是伴随人终身的可持续发展能力，又分为职业方法能力和职业技巧能力。职业方法能力一般具有明确的方式、手段，是劳动者的基本能力。职业方法能力包括语言文字能力、信息处理能力、数字应用能力和创新创意能力。职业技巧能力是指与他人交往、合作、共同生活和工作的自我学习能力。它是劳动者在职业活动中必须具备的基本素质。

3. 新需求能力分析

现代科学技术的发展促使生产技术更新的周期迅速缩短，使人们的职业结构和技能结构处于经常的变化之中，因此必须提高未来人才的基础素质和职业转移能力。这就要求现代职业人要具备适应于知识的激增和时代发展而不断获取新理念、新思维、新方法、新技术的能力。

在职业基础分析的基础上，我们按课程分别组织教师进行教材的编写工作，同时在编写过程中组织专家对编写的稿件进行详细审读，并要求作者进行相应修改。目前，建设现代职业教育体系，创新中国特色高等职业教育人才培养模式，已成为高等职业教育发展的主流趋势。希望通过“全国高等职业教育公共课规划教材”的出版，大力推动我国高等职业教育改革，实现优质资源共享，培养出更多符合社会需求的高素质技能型专门人才，提高高等职业教育质量，为我国经济社会发展做出应有的贡献。

本套教材不足之处，敬请各位专家、老师和广大同学不吝赐教。

编委会

2012 年 6 月

FOREWORD

前 言

信息社会对每一个社会人都提出了更高要求。据统计，在人们每天所接触的书面文字中，95%甚至更多的是应用文。因此，应用写作能力已经成为一个合格的社会人必须具备的基本能力，是现代人人格素质的重要组成部分。

“应用文写作”作为一门公共课程，对于提高高职学生的应用写作水平起着重要作用。随着我国高职院校课程改革的进一步深入，公共课程改革呈现百花齐放的可喜局面。如何既在教学中增强学生的学习兴趣，又能提高学生的应用文写作能力，是“应用文写作”课程任课教师必须处理好的问题。本教材编写组成员长期致力于一线教学，针对高职院校学生的特点及教学中面临的问题，结合多年的教学经验编写了本教材。本教材具有以下几个方面的特点:

1. 任务驱动，行动导向

各单元由不同的写作任务组成，每个部分有明确的学习目标和具体写作任务，有利于引导学生“在做中学，学中做，教学做合一”。

2. 注重实践，提高能力

便于教师在教学中引导学生掌握应用文写作的基本方法，从而提高学生的自主学习能力、解决问题的能力和写作水平。

3. 内容精练，形式多样

按照“理论必需、够用”的原则选取内容，剔除了空洞的理论，结合形式多样的实践任务，减少应用文写作课程的枯燥和单调性，从而提高学生的学习兴趣。

本书由何玲玲、周春霞担任主编，金秀平、吴静、孟卫华担任副主编，李慧芳、徐耀宏参与编写。

由于编者水平有限，加之时间仓促，书中不足和疏漏在所难免，敬请各位老师和读者提出宝贵意见和建议！

编 者

2012 年 6 月

CONTENTS

目 录

导　言

一、什么是应用文

通常所说的应用文，是指国家机关、企事业单位、社会团体以及人民群众个人在日常的工作、学习、生产和生活中用以办理公务以及个人事务、传播信息、表述意愿时所使用的，具有直接实用价值和惯用体式的文章。

二、应用文的种类

按使用领域划分，应用文可以分为四大类：

（一）行政公文

行政公文全称为国家行政机关公文，指国务院办公厅 2001 年印发的《国家行政机关公文处理办法》中所规定的命令（令）、决定、公告、通告、通知、通报、议案、报告、请示、批复、意见、函、会议纪要十三类十三种公文。公文制作比较严格，具有一定的法律效力。

（二）事务文书

事务文书全称为日常行政机关公文，指国家法定的行政机关公文以外的一些事务文件。是指简报、计划、总结、调查报告、规章制度，介绍信、证明信等用来处理单位内部日常事务，与具体部门进行工作联系的应用文。

（三）专业工作应用文

是指在一定专业机关或专门的业务活动领域内，因特殊需要而专门形成和使用的应用文。

（四）日常应用文

简称日常文书，主要指个人用来处理日常生活事务和礼仪的应用文，例如书信、启事、请柬、讣告、日记、读书笔记。日常生活应用文与个人的日常生活、人际交往活动关系密切，使用范围很广。

三、应用文的作用

（一）解决问题

在信息社会里，每个人每天都要接触很多文字信息，要运用应用文处理生活和工作中的许多具体事项。比如毕业生求职，需要有个人简历和求职信；公司开业，要向工商管理局申请执照；双方合作，需要签订协议合同；销售产品，要策划广告，发函等，都需要运用应用文解决具体问题。

（二）沟通交流

应用文是加强个人或组织进行上下内外沟通的纽带，也是与各有关方面进行信息传递的有效工具。比如上下级之间的上情下达，下情上报；各单位之间的信息交流、经验交流，以此取人之长，补己之短，互相促进，共同提高，推动社会主义现代化的建设等。

（三）宣传教育

党和政府通过应用文下达各种文件、法规、制度，向全国宣传党和国家的方针政策，各地区、各部门、各企业也通过应用文推广先进经验，表扬先进人物，批评揭露不良现象，丑陋行为，制裁不法分子，以此来提高人们的思想政治觉悟，规范人们的行为，保障社会的安定，推动各项事业的健康发展。

（四）凭证资料

在社会生活中，应用文也是开展工作，解决、处理问题的依据和凭证。向上级呈报的文件、党和政府颁布的法规、有关方面的规章制度，都可作为开展工作和检查工作的依据；而一些条据、合同文本、公证材料等，也是业务中的凭证，一旦出现问题、纠纷，依靠这些凭证，可通过法律追究对方责任，维护自身利益。另外，一些重要的应用文也是历史档案资料，要了解某一时期的政治、经济情况，或某一方面的生产经营情况，只要查阅当时存档的应用文，就可以知道。有些冤假错案在事后也能凭借这些档案的应用文得以澄清事实，还其本来面目。

四、应用文的特点

应用文与文学作品相比较，具有其独特的个性。一般来说，应用文写作的特点主要有以下几点：

（一）实用性

应用文最大的特点在于“实用”，“实用”是应用文与其他文体文章的主要区别之一。一般文学作品的创作是“有感而发”，诗歌、散文、小说等文学作品主要是表达人们的喜怒哀乐、抒发理想、反映现实。而应用文的写作主要是为了解决实际问题，是“有事而发”，无事不发。比如要和远方的朋友联系，就要写信；要借款，就得立字据；向上级汇报工作、反映情况，要写报告；推销产品，要写广告等，都是为了解决实际问题而写的，所以应用文往往被人称为实用文，是“为实用而作之文”.

（二）针对性

应用文的写作都有明确、直接的对象。比如信写给谁？字据立给谁？报告打给谁？都有对象，即使是一些广告、启事也是针对有关消费者、知情者的，只不过对象的范围大一些。而文学作品的阅读对象往往不明确，没有严格的针对性，像一首诗、一篇小说、一部电影剧本，谁都可以看，谁都可以不看，老少不分，雅俗共赏。

（三）时效性

由于应用文是为了解决实际问题而写的，所以它的时间性很强。一旦出现问题，就必须及时反映，否则拖延时间就会给生活、工作、生产带来影响。尤其是当今社会，市场竞争激烈，信息传递慢，企业随时有被淘汰的危险。而信息反映及时，就会给企业带来效益。相对而言，文学作品的写作时间性不强，像《红楼梦》写了十年之久，欧阳修的《醉翁亭记》写好后又搁置了很长时间才对外公开。

（四）真实性

应用文写作必须讲究真实、客观，实事求是地反映问题，反映情况，不允许像文学创作那样，可以虚构，进行艺术再加工，"杂取种种、合成一个"，追求艺术性；也不能发挥主观想象、夸大其词，否则就会歪曲事实真相，蒙骗对方，误导消费者，给社会带来不良影响。

（五）规范性

指应用文的写作有其特定、惯用的格式，这些格式，有的是长期以来约定俗成、相沿成习的，有的是由国家、有关部门统一制定的。例如书信有书信的格式，公文有公文的格式，经济合同有经济合同的格式等，每一种应用文包括哪些内容，那些在前，那些在后，分几部分，都应严格遵守，不得随意标新立异，也不能像有些文学创作那样，随意编排，自由联想，打破时空观，讲究情节的曲折变化等。应用文的格式也不是一成不变的，随着社会的发展，人们生活习惯的变化，观念的变化，应用文写作格式也会变化，使它更加方便人们表情达意的需要，更加顺应社会发展的需要。

（六）平实性

由于应用文注重实用，所以它的语言也讲究务实，就是语言要简洁、朴实、明白、准确、规范，便于理解执行。不能像文学创作那样讲究生动、形象、含蓄、朦胧，或以取悦打动读者。平实是应用文写作的基本风格。

五、应用文的语言

应用文的语言具有简洁明了，注重礼节的特点，在写作中，常用一些固定的文言词汇和句子，体现其准确性、简明性。

（一）应用文常用固定用语分类

分为称谓用语、经办用语、引叙用语、期请用语、表态用语、征询期复用语、综述过渡用语、结尾用语。

（二）应用文常用固定用语内容介绍

1．称谓用语

（1）自称：本、我、敝。

例如"本厂"、"我校"、"敝公司"等。

（2）称对方：你、贵。

例如"你局"、"贵公司"等。

（3）称他方：该。

例如"该同学"、"该生"、"该同志"、"该厂"。

2．经办用语

经，业经。表示经办工作处理过程已结束，表明处理时间和经过情况。

例如：（1）经召集有关班委讨论，……

（2）上述各款，业经董事会批准……

3. 引叙用语

引叙用语包括前接、近接、顷接、悉、收悉，敬悉等。

引叙来文时的用语：

例：（1）近接贵公司来函……。

（2）你局关于××问题请示悉（收悉）……。

（3）来函敬悉……。

4. 期请用语

期请用语表示期望、请求。

例如："即请照办、希即遵照、请、拟请、希望"等。

例：（1）……以上各点，即请查照。

（2）现将《规定》发给你们，希即遵照（执行）。

（3）……请（希）即按有关规定办理。

5. 表态用语

有"照办、同意、不同意、可行、不可"等。

例："对××问题、同意按来文意见办理。"

6. 征询、期复用语

征询用语：当否、妥否、是否可行、可否等。

期复用语：请批示、请核示、请回复、请指示等。

例："上述报告、如无不当、请批示。""上述处理意见、如无不当、请批转执行。"

7. 综述过渡用语

综述过渡用语有"为此、对此、综上所述"等；一般用在前文末或后文开头，起过渡作用。

例：（1）"对此，特提出下列意见……"。

（2）"为此、必须重申……"。

（3）"综上所述、要求……"。

8. 结尾用语

指一般函件或公文的结尾处用语，例如："为要、为盼、为荷、特此通知（通报……）"等。

例：（1）"望给予接待为荷"。

（2）"妥否、请批复"。

（3）"如无不妥、请批转相关部门执行"。

六、提高应用写作能力的方法

（一）提高自己的综合素质

应用文写作水平的提高需要多种能力的参与，是对作者综合素质的考验。比如，公文写作需要作者具有较高的政治素养，才能写出具有一定高度的公文；专业应用文的写作，作者必须熟悉业务，具备专业知识和能力；撰写调查报告、总结等应用文，必须具有较强的沟通能力、人际交往能力和分析能力。

（二）注重实践

宋代文学家欧阳修说，学习写作要"看多、做多"。看多，就是要多读多看报刊书籍，这对于提高写作能力有着重要作用。它能开阔视野，广泛了解社会；可以增长知识，充实写作内容；可以学习写作方法。对一些佳作名篇，反复研读，仔细揣摩，从中领悟“应该怎么写”和“不该怎么写”。所谓“凡操千曲而后晓声，观千剑而后识器”，就是这个意思。

做多，就是要进行写作实践。古人所说的“多读乃藉人之功夫，多做乃切实求己工夫，其益相去甚远”，就是强调进行写作实践的意义。写作是一种能力，如同绘画、游泳一样，光靠“听讲”和“看书”是不行的，还要靠自己去写。著名的语文教育家、作家叶圣陶说得好：“所谓能力不是一会儿就能够从无到有的，看看小孩子养成走路说话的能力多么麻烦。阅读跟写作不会比走路和说话容易，一要得其道，二要经常历练，历练成了习惯，才算有了这种能力。”这就是说，学习写作，不但要读书悟理得其道，更重要的是还要变成实际能力，读别人的书和文章是吸收、借鉴，写文章最终还要靠自己去写、去表达。

多练，就是要不断地学习，不断地进行训练，养成一种勤学多练的习惯，把知识变成技能，把技能变成技巧。所谓熟能生巧，就是熟练地掌握某种技巧，写作也是一样，写多了，练多了，就能写出得心应手的文章来。

第一部分

通用应用文

通用应用文是指现代社会各行业通用的应用文，是处理职场工作的基础性应用文，主要包括事务文书、行政公文、求职文书和礼仪文书等。

第一单元 事务文书

事务文书的全称是日常行政机关公文，是指国家法定的行政机关公文以外的，用来处理单位内部日常事务，与具体部门进行工作联系的应用文。

事务文书应用范围广，种类多，使用频率非常高。大至调查报告、总结，小到一份简报，都属于这个范畴。它的制作不像公文那样有严格的法定限制，行文也比公文灵活得多，所以在公务活动中运用较多。

任务一 制订计划

学习目标

在掌握计划的内容和结构的基础上，能够为部门或个人起草各种计划。

任务导入

为自己制订一份大学生活计划，要求内容完整，格式规范。

范文阅读

××职业技术学院2011年精神文明建设工作计划

2011年，是中国共产党成立九十周年，是“十二五”开局之年，也是学院全面启动国家骨干院校建设，全力迎接新一轮人才培养工作水平评估的关键之年。为巩固省级文明单位创建成果，进一步提升精神文明建设工作水平，庆祝建党九十周年，促进学院各项事业科学发展。经院党委研究，制订我院2011年精神文明建设工作计划。

一、指导思想

高举科学发展观大旗，坚持以邓小平理论和“三个代表”重要思想为指导，以党的十七大和十七届三中、四中、五中全会精神为统领，广泛开展形式多样的精神文明创建活动，大力培育和弘扬以“和”文化为核心的校园文化精神，为学院建设国家骨干高职院校提供强大的精神动力和环境保障。

二、总体目标

深入推进省级文明单位创建，奋力实现“十二五”和国家骨干高职院校建设良好开局。

三、主要任务

（1）深入开展创先争优活动。认真落实中央、省、市有关要求，紧紧围绕“抢抓机遇，加快发展，努力建设国家骨干高职院校”这个主题和“五个基本”、“七个体系”这条主线，深入推进先进基层党组织、优秀共产党员、“五好”领导班子等创建活动，引导工会、共青团、妇委会等群团组织在各自系统内开展创先争优活动，充分调动全院师生员工工作和学习热情，充分发挥党组织的战斗堡垒作用和共产党员的先锋模范作用，为推动学院各项工作提供坚强的组织保证。

（2）不断深化思想政治教育。以庆祝建党 90 周年为契机，多种形式开展坚持走中国特色社会主义道路的共同理想教育，唱响共产党好、社会主义好、改革开放好、伟大祖国好、各族人民好的主旋律。坚持抓好理论学习，力求内容丰富、形式新颖。组织举办党的知识和形势政策系列讲座。突出思想政治课的地位和作用，继续发挥好思想政治课的主渠道作用。

（3）大力加强公民道德建设。以《公民道德建设实施纲要》颁布 10 周年为契机，广泛开展大学生的文明礼仪、诚信、感恩、自强和道德养成教育。进一步加强教职员工的职业道德教育、勤政廉政和纪律教育。加强大学生素质拓展教育。进一步提升师生员工文明素质。

（4）扎实推进国家骨干高职院校建设。全面贯彻国家和省中长期教育改革和发展规划纲要，认真落实按照国家骨干院校建设方案中提出的 2011 年各项目标任务，进一步优化校企合作体制机制，构建“政、校、行、企”和谐互动的良好局面。加强专业（群）、师资队伍、社会服务能力等方面的建设，继续建设一批精品课程、特色专业和实训基地，抓好学习领域课程的实施，让学生从课改中受益，不断提高人才培养质量，增强学院的核心竞争力。

（5）积极参与“三城联创”活动。大力开展创建园林式校园、节约型校园、平安校园、环保校园、和谐校园活动。以青年志愿者为主体，继续开展帮建共建活动。加强对校内文明班级、文明宿舍、文明家庭等群众性精神文明创建活动的指导与管理，形成人人参与精神文明建设、人人享受精神文明成果的工作氛围。

（6）着力打造校园文化品牌。继续抓好以完善校园文化景观为主要内容的优美高雅的环境文化建设，以加强校园宣传文化阵地的建设与管理为主要内容的昂扬奋进的思想文化建设，以完善内部管理制度、扩大院务公开为主要内容的依法治校、民主办学、高效廉洁的管理文化建设，以加强师德、学风建设和深化“三育人”工作为主要内容的以人为本、科学严谨的育人文化建设。启动实施以校园建筑、景观名称冠名的各项主题文化活动。充分利用重大节庆日、纪念日和传统节日，利用新生入学、毕业离校和入党等重要日子，开展丰富多彩的文体活动。加强对学生社团的管理和指导，大力开展系部文化建设，打造一批特色鲜明、格调高雅的校园文化活动品牌。

（7）扩大对外交流与合作。继续加强与上级主管部门的沟通与联系，争取最大程度的支持；加强与各县市区以及市直各部门的联系，赢得更大的帮助；加强与高中和中专学校的联系，获得更大的认同；加强与企业的联系，继续深化校企合作。坚持抓好对外宣传工作，不断提升学院的社会知名度和美誉度。

四、保障措施

（1）加强领导。精神文明建设是一个庞大的系统工程，要坚持和完善“党委统一领导、党政齐抓共管、各单位各负其责，师生积极参与”的领导体制和工作机制。各总支、支部书记要亲自抓、负总责，结合实际，对照全年主要工作任务，精心组织，扎实开展好此项工作。

（2）加强督办。各部门、各单位要明确专人具体负责精神文明建设工作。进一步健全和完善精神文明建设工作制度与办法，定期研究部署精神文明建设工作，定期通报创建工作情况。要将精神文明建设工作列入领导干部的年度考核内容，加强督办和检查。

（3）加大宣传。在校园宣传文化媒体，开办精神文明建设专栏、专题，及时反映我院精神文明创建工作动态。同时加大对外宣传，展示我院精神文明建设成果和师生文明形象，不断提升精神文明建设工作的覆盖面和影响力。

（4）加大配合。各部门、各单位要立足本职岗位，按照工作性质和职责分工，既各司其职又相互配合，共同落实好全年精神文明建设工作的各项任务，共同促进我院精神文明建设水平的提升。

二〇一一年三月十日

必需知识

一、什么是计划

计划是党政机关、企事业单位、社会团体或个人为完成某一任务或实现某项目标，对今后一段时间的工作、活动作出预想和安排的一种事务性文书。

计划是计划类文书的统称。计划类应用文包括以下几种：

（1）规划。具有全局性的、较长时期的远景计划称规划。规划，一般跨度五年以上，目标大、涉及范围广、内容较概括、具有原则性、指导性和鼓舞性。例如：《××大学五年发展规划》。

（2）方案。对某项工作的多种可能性进行比较、筛选、论证后，做出的相对优化、周密的计划称方案。

方案，一般都要从完成任务的目的、要求，工作步骤，到工作方式、方法，做出比较全面、详细的步署和安排，多用于对需短期完成的目标和任务做出计划。

例如：《天驹商贸公司第四季度销售方案》、《3·12 特大刑事案件侦查方案》。

（3）安排。对短期内预计要完成的工作进行具体布置的计划称安排。安排一般比较切近、具体，

例如：《开元商场童装部周工作安排》、《××省化学学会 2006 年度年会准备工作安排》。

（4）设想。对长远的工作做出粗线条的部署称设想。设想，属初步的草案性计划，其实施方法和步骤较为简略。

例如：《××省建立生态保护区的设想》、《建立健全农村人口医疗保障体系的设想》。

（5）打算。短期内工作的要点式计划称打算。一般只写出需要完成任务的概要，不做详细布署。

例如：《元旦文艺汇演筹备工作打算》。

（6）要点。对一段时间的主要工作做出简要安排的计划称要点。

如：《某建筑公司 2006—2007 年度工作要点》、《生产安全管理工作要点》。

二、计划的种类

计划的种类较多，按不同的标准可以分为以下种类：

（1）按内容分。分为综合性计划和单项计划。综合性计划，如社会发展计划，国民经济计

划等；单项计划如生产计划、学习计划等。

（2）按覆盖的范围分。可以分为国家计划、地区计划、系统计划、单位计划、部门计划、个人计划等。

（3）按时限分。可以分为多年性的计划，一般又称为规划；近期计划，如年度、季度、月份的计划等。

（4）按计划的详细程度分。有计划要点、简要计划和详细计划。

三、计划的作用

《礼记》云："凡事预则立，不预则废"。明朝刘伯温曾说："用兵之道，以计为首"。无论是单位还是个人，无论办什么事情，事先都应有个打算和安排。

1．能避免盲目性，提高工作效率

有了计划，工作就有了明确的目标和具体的步骤，就可以协调大家的行动，增强工作的主动性，减少盲目性，使工作有条不紊地进行。

2．有利于调动相关人员的积极性

计划中的目标能够对相关人员，如员工、计划制定人员等起到激励作用，提高他们工作的积极性。

3．有利于监督、检查与控制

计划本身又是对工作进度和质量的考核标准，有利于管理者进行监督、检查和控制。

4．计划是总结的依据

在实际工作中，计划是工作总结的重要依据。

总之，计划对工作既有指导作用，又有推动作用，搞好工作计划，是建立正常的工作秩序，提高工作效率的重要手段。

四、计划的结构

（一）标题

1．完整式标题

一般由制订计划的单位名称、完成时限、计划内容和计划名称四部分构成。

例如：《××机械厂2007年财务工作计划》。

2．省略式标题

常见以下几种形式：

（1）省略时限。

例如：《家乐福超市销售计划》。

（2）省略单位。

例如：《2007年第一季度生产方案》。

（3）省略单位和时限。

例如：《工作计划》、《读书计划》。

（二）正文

1．前言

前言又称"引言"。在全文中起引导作用，简明扼要介绍制定计划的背景、依据、指导思想，说明其意义和重要性，并列出所要达到的目标。

2．主体

（1）目标和任务。

首先要明确指出总体目标和基本任务，对工作任务要达到的数量和质量都要有明确的指标。

（2）措施。

即完成计划任务所采用的方式、方法。

（3）步骤。

步骤是工作的阶段划分，强调时限和先后有序。

以上三点可称计划三要素。一份成功的计划，措施要具体，分工要明确，步骤要有序，表达要条理清楚。

3．结尾

（1）总括式结尾。为使文意完整，少数计划可在文尾概括说明完成计划的有利条件或表明信心和决心。

例如：本学期的工作一定会开展得丰富多彩，希望我部在以往所取得成绩的基础上，再创辉煌，将我部的宣传工作推上一个新的台阶。

（2）自然式结尾。即叙述完主体自然收尾。

（三）落款

落款位于正文右下方，内容包括计划制订部门名称或制订人姓名，以及计划制订时间。

计划的结构图：

标　题

前言（写清为什么制订计划）

主体（目标、任务、措施、步骤和要求等）

结尾（希望和号召）

落　款

年　月　日

拓展训练

- 讨论影响计划实施的因素有哪些？将这些影响因素按其重要性进行排序。
- 为本班写一份活动策划方案。
- 课外阅读《中华人民共和国国民经济和社会发展十二五规划纲要》，学习体会计划的写作格式和要求。

任务二　撰写总结

学习目标

在掌握总结的内容和结构的基础上，能够为部门或个人起草规范的总结。

任务导入

根据自己的实际情况，完成以下任务中的任意一项：

- 撰写一份上学期学习总结。
- 如果你近期组织或参加了某项活动，撰写一份该项活动个人总结。
- 如果你是班级、系级或院级干部，撰写一份工作总结。

范文阅读

××房地产管理局2010年工作总结

在市政府和市建委的领导下，2010年我局在任务十分繁重的情况下，认真贯彻执行上级各项方针政策，锐意改革，开拓前进，取得了显著成绩，尤其在改造“三级跳坑”住宅，修建古文化街，换房和完成新建住宅××万平方米等方面，有较大突破，标志着房管工作已提高到一个新水平。

一、市政府关于2010年发送人民生活十项工作的决定涉及到我局的有四项五件事，均已圆满完成。

（1）完成了改造“三级跳坑”住宅任务，2010年2月份进行全面复查核实，市内六个区加上××区，履行三级跳坑总任务为100户，210间，20 000平方米。

3月3日改造工程全面铺开，通过艰苦的努力，上半年零星三级跳坑住宅改造任务全部完成。下半年乘胜前进，全市原地规划和征地建房×片，开工面为×万平方米，××区宜白路，××区北洋工房已经竣工，截至12月25日，全市已胜利“解跳”，从此结束了我市“三级跳坑”住宅历史，为全市人民办了一件大好事。

（2）完成了修建古文化街任务。年初我们做了大量准备工作，5月17日正式开工，遵照××市长提出的五点意见，虽工程资金有限，时间紧迫，工程复杂，但我们积极创造条件，狠抓工作质量，昼夜奋战，到12月17日，本市解放以来最大仿古建筑群——古文化街修筑工程全部竣工。担负施工任务的我局第一修建公司，仅仅用了短短七个月时间，建成了×余处仿清民间小店铺，修复了工艺十分复杂的××、××、××、××四处古建筑。总修建面积××余平方米，绘制彩画××余幅，磨、砌砖××万块，使用各种漆料××吨，大量的木雕和砖雕显示了修建深度，使600米长、7米宽，古朴典雅的宫南，宫北大街体现了古味、中国味、地方味和文化味，为我市又添一景。

（3）完成了整修×条街道的任务，遵照“花钱省，扰民少，速度快，效果好”的原则，全年共整修×条街，全长×公里，整修楼房××幢，平房××间，拆除和新建围墙××米，拆除违章房屋××间，新辟绿地××平方米，为恢复建筑物原有风貌，养护房屋和美化市容街景做出了贡献。

二、公房经营管理工作有明显进步。

（1）市房产公司实行了公房经营管理改革，与区局和房管站层层签订管修经营承包合同，建立各级岗位责任制……

（2）房地产开发在改革中迅速兴起，通过一年的努力，初步打开了局面，××××年开发建房竣工×平方米，为进一步推行住宅商品化迈出新步。

（3）开展了房产信托业务，全年托管单位产×万平方米，（其中市房产信托公司托管×万平方米，市房产公司托管×万平方米）……

三、加强了房地产行政管理。

（1）为了适应改革形势的发展，加强房地产行政管理，2010年我们拟订了关于清理公房住户拖欠房租的通告、私有房屋管理条例实施细则、单位自管房产管理暂行办法、改造“三级跳坑”住宅的若干规定，关于拆除城市房屋的管理规定、对中外合资企业场地管理意见、单位自管房产开放调换房办法等。

（2）开展了房屋普查工作。通过上半年宣传发动和前期准备，全市有普查任务的五个区、县、局级单位，普遍建立了指挥机构，健全了工作班子，进行了全面部署，层层进行了培训，建立了一支素质较好的房屋普查队伍……

（3）房地清查换证工作，取得较好成绩……

（4）加强了私房维修工作……

（5）加强了地政管理……

总之，一年来我局各项工作都有很大进步，取得显著成绩，为2011年工作的深入开展，打下了良好的基础。

通过2010年的工作实践，我们的主要经验是：

（1）要使房地产业大发展，必须锐意改革。党中央关于经济体制改革的决定英明正确。哪项工作进行了改革，哪项工作效果就十分明显。××××年我们抓施工企业改革，进一步完善百元产值工资含量和实行简政放权，企业活力大大增加，全面超额完成任务，创历史最好水平；房产信托公司适应改革形势发展，集资办企业搞得十分活跃，很有生气，实践证明，要发展房地产业必须锐意改革，改革越彻底，效果越好。

（2）集中力量保重点。2010年市政府关于改善城市人民生活十项工作的决定涉及我局的有五件事都是需要花大气力才能完成的。我们把这五件事列为全局工作重点，集中力量优先保证，统筹兼顾。上半年改造零星“三级跳坑”住宅和整修×条街道，几乎抽出房管站×%的力量，下半年修建古文化街，领导现场办公，局机关抽调力量协助基层，终于如期完成了任务，换房工作不光集中了××余人的骨干队伍，而且动员了各方面力量。总之，在完成上述重点任务中，全局各单位，各部门大开绿灯，通力合作，党政工团一齐上阵，这是一条重要经验。

（3）必须下大力气抓好基础性工作。在任务繁重的情况下，各级领导在确保重要工作的同时，十分注意抓基础性工作，注意提高队伍素质，这样就会越战越强。2010年我们精神文明和物质文明同步建设同时也取得了显著成就。企整复验、工业普查、职工文化技术补课以及举办各种类型的培训班，提高了房管队伍素质，把房管队伍建设不断提升到更高的水平。

2010年虽然我局工作取得显著成绩，但也存在一些薄弱环节。例如：房地产开发业务我们起步较慢，竣工面积有限，有待大力开展；房地产经济有待进一步搞活。

2011年，我们要认真贯彻我国党代会精神和市委扩大会议的决定，大搞改革，开拓前进，再展宏图，大力开展房地产开发业务；继续抓好施工企业内部改革，把房管站搞活；提高服务质量，搞好便民服务；更好地为全市人民居住生活服务。

二〇一一年×月×日

必需知识

一、什么是总结

对已做过、完成的工作和任务作系统的回顾，通过分析综合等方法，从中找出经验教训，引出规律性的认识，用以指导今后的实践，由此而写成的书面材料称为总结。

二、总结的种类

（1）按照内容的不同分类。

① 综合性总结，又称全面总结。它是对某一时期各项工作的全面回顾和检查，进而总结经验与教训，例如：《××公司2005年度工作总结》、《××省体工委工作总结》。

② 专题性总结，又称单项总结。是对某项工作或某方面问题进行专门的总结，尤以总结推广成功经验为多见，例如：《利君集团2005年度销售工作总结》、《××市××区植树造林工作总结》。

（2）按对象不同分。可分工作总结、学习总结、思想总结等。

（3）按时间分。可分月份总结、季度总结、年度总结等。

（4）按范围分。可分科室、部门、单位、系统、地区、国家等总结。

三、总结的特点

（一）实践性

总结是人们以自身的实践活动为基础，通过客观的回顾、认识、评价、分析得出的具有指导性和规律性的认识，它的根源是客观实践活动，总结的对象和材料来自于实践，观点也是从实践中提炼出来的。因此总结的写作必须忠于事实，不能添枝加叶、无中生有或避重就轻、报喜不报忧；否则，就失去了总结的价值和意义。

（二）理论性

总结不是对已完成工作事实的简单复述，也不是对工作实践过程和情况的表面反映。总结的目的在于得出浓缩的，经典的规律性东西，以便在今后工作中能够正确把握事物的客观规律，提高工作效率和成功率。这是一个把零星的、肤浅的、感性认识上升为全面的、系统的、理性认识高度的过程。应当从取得的成绩中提炼出经验，从失败中分析出教训，因此总结必须具备一定的理论性。

（三）简明性

总结的语言必须简明扼要，条理清楚，忌长篇大论，要以提炼规律性东西为目的，忌说空话、大话。

四、总结的主要内容和结构

（一）标题

1．公文式标题

由单位名称、时限、内容和文种组成。例如：《十堰职业技术学院2006年工作总结》。

2．文章式标题

用一句切实有力的话，概括总结的内容。例如：《“三气”建设旺福州》。

3．新闻式标题

用两行标题，正题概括总结的主要内容或主旨；副题说明总结的对象、时限等。

例如：《发展特色农业　壮大县域经济——常山县发展胡柚生产的实践与思考》。

（二）正文

一般分为前言、主体、结尾三部分。

1．前言

概括介绍总结所涉及的时限、地点、单位、背景、工作任务、经过步骤、完成情况等；概述基本经验，点明中心思想；引用数据，总结成就或问题。目的在于给读者一个总体印象。

（1）概括式前言。简要介绍基本情况，分清主次，为下文叙述奠定基础。例如：在卫生厅党组织的关怀和领导下，在各处室的支持和帮助下，××××年全院党政团结、上下齐心，全体职工积极努力奋斗，以全国结核病防治规划为目标，以全国和全省卫生工作大会精神为动力，结合我省和我院实际，圆满完成了院长和党支部所下发的两个工作合同所规定的任务，并通过抓“项目”试点，为开创我省“结防”工作新局面奠定了良好的基础，现将主要工作总结如下：

（2）提问式前言。以提问的方式将总结的主题直接点明，引人注意。

例如：党校培训是每一个有志于加入中国共产党的青年学子的必修课。那么，究竟通过学习可以得到哪些提高呢？现以我个人的学习经历，谈几点体会：

（3）对比式前言。用前后、新旧或先进与落后进行对比，从而分出优劣，引出下文。

例如：1998—2004年6年间我厂平均每年亏损130余万元人民币。建立集团公司后，公司不仅扭亏为盈，而且连年来产值、利润以7.8%的幅度稳步提高，2006年首次创盈利新高，净增利润2000万人民币。

（4）结论式前言。开门见山提出总结的结论，引发人们对总结过程的兴趣。

例如：经过一学期的刻苦学习，高考取得了理想的成绩。这使我得出一个终身受益的结论——科学有效的学习方法是提高学习成绩的关键。

2．主体

介绍做法、成绩、经验及教训，这是总结的重点。对取得的成绩和存在的缺点进行分析、研究，把它上升为理论，概括出规律性的东西，这些东西就是经验教训。

（1）基本情况

基本情况是总结分析评价的基础，这部分应较为详尽地对已完成的工作或任务，及取得的成绩和效果进行叙述。

（2）主要经验

从上述基本情况自然会引出结论性、规律性的东西。这部分是总结的主要目的和内容，应以具体事例、具体材料为依据，然后上升到理性认识，围绕成绩的主要方面进行论述；也可采取纵横对比的方式展示所得经验的优势和特点，要条理清楚，有理有据。

（3）存在的问题

找出问题也是总结的主要目的之一，因而在看到经验的同时不能忽视问题，只有对问题实事求是的认识，才能使今后工作做得更好。

3．结尾

作为总结的结束语可以归纳呼应主题、指出努力方向、提出改进意见或用表示决心信心等语作结，要求简短利索。

例如，一年来，我局在党建方面做了一些工作，取得了一些成绩，全系统没有发生违反党纪国法的事件，没有发生政治事件，没有发现腐败行为，保持了工作的正常运转和稳定，保证了党的方针、政策的贯彻落实，为我省的经济建设添光增彩，作出了应有的贡献。

（三）落款

正文结束后，在右下方写单位名称及成文日期，并加盖公章。

拓展训练

- 画出总结的结构图。
- 分析总结和计划的区别与联系。

任务三　述职报告写作

学习目标

通过学习实践，能够撰写符合任职岗位要求，条理清晰，重点突出的述职报告。

任务导入

请你针对自己在班级、系学生会、院学生会或社团所担任的某一个职位，拟写一份述职报告。

范文阅读

学生会主席述职报告

各位领导、老师、同学：

大家中午好！

我非常荣幸能够作为万方科技学院第六届学生会主席，代表第六届学生会主席团对我院2010—2011学年的工作进行述职报告，同时感谢各位领导、老师、同学们能在百忙之中抽出时间出席本次换届会议。

美国耶鲁大学一位教授说过：“当你离开营地的时候，你会发现他比你来的时候更美丽”。是的，回首过去，自从我加这个组织。我不敢说我带着给了这个组织什么，但我敢肯定的是：这个组织带给我很多，在组织里我学会了学习、我学会了团结、我学会了成长。2010—2011学年对于我们学生会的所有成员来说是不同寻常的一年，我们在这一年里共同播种，共同耕耘，共同付出，共同收获。一年当中学生会的各项工作得到了学院领导、老师的大力支持与引导、得到了全体学生会干部的积极配合、同时也得到了广大同学及其他组织、社团的鼎立帮助，今天借这样一个机会，我谨代表主席团对所有支持我们的领导老师，学生会的所有同仁，以及所有支持和关注我们的同学们道一声：谢谢！

现在，将我任职期间的主要工作汇报如下：

一、主要职责

（1）全面贯彻执行党的教育方针和学校的办学思想，认真完成学校交给的任务，不断提高学生会的办事效率。

（2）制定和实施学生会发展规划和学期学年工作计划，并指导、督促、检查规划和计划执行情况，定期作出工作总结。

（3）主持学生干部会议，领导学生会各部门和各年级积极主动地富有创造性地开展工作。重大问题提请学代会或学生委员会讨论，决议形成后，责成有关部门执行。

（4）做好学生会的人事工作和学生会干部的思想政治工作，提高学生干部的思想素质，理论素质和业务素质。

（5）负责本院学生会与外院校学生会的联络事务。

（6）定期向学院党委和团委汇报工作。

（7）定期召开学生会例会。

二、主要工作

两年来，万方科技学院学生会在院党委的领导下，在院团委的指导下，紧密围绕学院“培养人”的工作中心，努力实践“三个代表”的重要思想，以服务同学为根本宗旨，切实开展各项工作，努力实现同学的“自我服务、自我教育和自我管理”。

作为新一届学生会，逐步适应时代特点，改进工作方法，坚持全心全意为同学服务，在工作中逐步形成“一个重心、两点结合、三项服务、四新工程”的鲜明特点。

（一）“一个重心”是指以沟通工作为重心。

在新的形势下，本届学生会将经历着由“以做活动为主”到“以沟通工作为主”的工作思路的转变，这种转变的程度和结果将决定我院学生会的发展大计。这个沟通工作分为两个方向：一是把同学的建议和意见搜集整理反映给学院，二是把学院的政策和相关措施反馈给同学。

本届学生会致力于进一步加强学院与同学之间的沟通，反映同学呼声，代表同学权益。加强学院各职能部门广泛联系学生的渠道如：定期座谈会、设立专门针对学生的意见簿和建议箱、建立学生干部值班制度，学生会主席团、办公室值班定时定点，及时有效处理各种问题，增强并重视学生反映问题。

（二）“两点结合”即学生会的工作要“结合重点工作”和“结合时事特点”。

“结合重点工作”指学生会的工作要围绕学院的重点工作来开展，有全局意识。两年来，学院一直把“学风建设”作为学院的一项重点工作，这也是学生会最能体现宗旨的一项，是长抓不懈的工作之一，学生会配合学院学风建设的重点工作，今后加强学生自我教育的功能，增强沟通能力。

“结合时事特点”是指学生会的工作要紧密结合时事背景，要审时度势地开展活动。在过去的一年里，学生会努力提高学生干部政治水平，关心国计民生，关注社会发展动态，贯彻各种大政方针，把握学生主流，引导学生素质发展，努力成为宣传者、实践者、推动者，及时有效的把各种信息传达到学院的每个角落。

（三）“三项服务”是指学生会具体工作遵循的三条主线，即“服务同学学习好、服务同学身体好、服务同学生活好”。

“全心全意为同学服务”是学生会工作的出发点和落脚点，学生会在具体工作中，处处体现服务意识，服务于学院建设的中心工作，服务于广大同学的健康成长成才。

第一、服务同学学习好。

在小事上关怀同学，注重小事的服务质量，例如：定期走访学生宿舍、严格监督早读情况，及时反映解决各种思想问题。

随着社团管理的逐步完善，社团管理部工作蓬勃发展，学生会从各种活动的台前走向了幕后，学生会工作的思路逐步定位在“重点把握大局、提高服务质量、专攻精品项目”上。

发挥学生会监督评优作用，调动社团积极性，引导学生活动的正确性方向性。以抓大放小为方针，正确对待各种学生组织中出现的矛盾。重点放在精品工程建设上，提高学生会全局意识，服务意识，改变陈旧观念。加强学院整体资源的管理，为广大同学的锻炼提高服务，保护广大学生的根本利益不受侵害。在学生会内部倡导奉献精神，开展特色工作。

第二、“服务同学生活好”。

“走进生活，贴近同学”是学生会的核心工作之一。把学生会主要干部定期都要进行一次学生宿舍走访作为制度落实下去，面对面的沟通可以更有针对性地开展工作。

女生作为万方的一条亮丽的风景线，也是学生会工作的一个重要方面。把女生部打造成为服务女生，具有青春活力的一支队伍。调研并探索出一条适合我院女生特色的品牌活动。

做好餐饮健康监督宣传工作，与后勤集团精诚合作，真正为学生健康负责，并倡导健康的生活习惯，提高学生生活质量，从正反两方面教育学生，定期做出宣传板，以生动翔实的事实打动学生。

（四）“四新工程”是我院学生会工作创新的四个亮点，即“精品工程、宣传工程、文化工程、干部工程”。

第一、精品工程。学生会的工作将从做活动到沟通的转变，在活动中我们坚持“传统项目出精品，创新项目重质量”的理念，推进学生会的“精品工程”。

精品之一——校园歌手大赛。这是我院学生展示自我形象，发挥自身特长的重大活动，也是学生会的较为成功的一项赛事，今后将继续举办下去，并且要在组织的规模上、形式上有所突破和创新，适应于广大学生对文艺的要求。

精品之二——个人风采大赛。本届学生会推出了创新活动——院个人风采大赛，它突破了以往内容单一化，人员特定化的弊端，从各方面提升大学生综合竞争力，在竞技中考察学生整体素质水平，为万方学子提供了展现自己的舞台，为学院生活增添风采。

精品之三——院大学生辩论赛。为了丰富校园文化，平衡各种文艺的均衡发展，更为了实现同学们的综合全面发展，上学期内，学生会在不同范围内组织规模大小不一的辩论赛，活跃了大学生思维，活跃了校园气氛。

精品之四——英语风采大赛。针对目前对大学生英语水平的高要求，为使学生适应社会发展，提高学习英语的兴趣，学生会成功举行了集趣味性、知识性、互动性为一体的英语风采大赛。

精品之五——万方体育节，学生会把原有体育赛事进行整合，推出万方体育节，使体育工作做大、做强，实现资源整合。

精品之六——大学生电影节。

精品之七——DV 创意大赛。

精品之八—— 科技艺术文化节。

第二、宣传工程。本届学生会及时调整宣传思路，充分利用先进手段，朝着“以网络为依托、以报纸为平台”的立体宣传工作模式思路发展自己。

“以网络为依托”指的是改变学生会网络资源不畅通的被动局面，力图使网络成为学生会办公的新手段，使我们的学生干部的电脑技术有所增长，并达到提高学生会办事效率，改革办事机制的目的。

推出“学生会邮箱”，通过邮箱可以及时了解同学的意见建议，可以及时地把信息反馈给同学，使学生会真正了解广大学生的心声。

“以报纸为平台”指的是把《社团联合报》这份报纸作为学生会的宣传窗口、信息平台、形象工程来抓。

同时，增强各部门的自我宣传意识，实现宣传工作制度化、标准化，提倡把工作办大、办强、办活，办出声色。

第三、文化工程。保证学生会的可持续发展，形成自己的文化，是十分必要的。因此建立明晰的工作制度、完整的工作档案、充分的内部交流是必要的保障。

第四、干部工程。“干部之校”是学生会的又一大职能，学生会是培养干部的学院，为同学提供锻炼自我、完善自我的舞台。

本届学生会把干部的培养工作作为必不可少的一项要求。工作着眼于由“对事”向“对人”的转换，固定的教育和与老学生会干部的交流成为日常工作。

当然，在我任职期间，学生会的工作还存在着这样那样的不足，希望在座的各位能够齐心协力，再接再厉，和下届主席团一起把学生会建设得更好！

谢谢大家！

述职人：×××

××××年××月××日

必需知识

一、什么是述职报告

述职报告是党政机关，人民团体、企事业单位的干部，向主管领导部门、人事部门或选区的选民，或本单位的职工群众，陈述自己在一定时期内工作实绩、问题和设想的自我述评性的文书。

二、述职报告的作用

随着我国干部人事制度改革的进一步深化和公务员制度的实行，作为民主考核干部程序中的一个重要环节，领导干部的述职越来越显出其重要的意义。述职报告作为述职的文本，其作用主要体现在以下几个方面：

（一）撰写述职报告是完善干部管理制度的一项重要措施

在岗位职责明确的前提下，要求担任一定职务的领导干部定期撰写述职报告，便于干部管理部门对领导干部的理论水平、道德品质、文化修养、业务能力进行全面细致的考察，以便根据干部自身的发展趋势，有计划有目的地进行选拔、培养、使用干部，减少或避免使用干部中的主观性和盲目性。

（二）述职报告是广大群众评议干部的依据

领导干部在某个岗位上工作一段时间之后，通过述职报告的形式向广大群众汇报履行岗位职责的情况，让群众进行审查和评议，这是领导干部接受群众监督、倾听群众意见的有效方式，有助于干部密切联系群众，克服官僚主义作风。

（三）撰写述职报告有利于干部的自我提高

领导干部在某个岗位上工作一段时间之后，需要通过述职的方式对自己前一段的工作实践进行回顾，总结以前的工作经验，汲取以前的失败教训，强化自己的职责观念。这对于更好地探索本职工作的规律，促进领导干部自我认识、自我学习、自我提高有着重要的作用。

三、述职报告的特点

述职报告最初曾用“总结”或“汇报”的形式出现，经过一段时间的使用，逐步形成了独具特色的体式，其主要特点是：自述性、自评性、报告性。

（一）自述性

述说自己在一定时期内履行职责的情况，必须使用第一人称，自述内容包括：在一定时期内，按照岗位规范的要求，为国家或组织做了些什么事情，完成了什么指标，取得了什么效益，有些什么成就和贡献，工作责任心和工作效率怎样。

（二）自评性

报告人应依据岗位规范和职责目标，对自己任期内的德、能、勤、绩等方面的情况，作自我评估、自我鉴定、自我定性。

（三）报告性

报告人应明白自己的“身份”，以被考核、要接受评议、监督的人民公仆的身份，履行职责做报告。

四、述职报告的种类

述职报告的分类，可以从几个不同的角度进行划分，因而存在着交叉现象。

（一）从内容上划分

（1）综合性述职报告。是指报告内容是一个时期所做工作的全面、综合的反映。

（2）专题性述职报告。是指报告内容是对某一方面的工作的专题反映。

（3）单项工作述职报告。是指报告内容是对某项具体工作的汇报。这往往是临时性的工作，又是专项性的工作。

（二）从时间上划分

（1）任期述职报告。这是指对任现职以来的总体工作进行报告。一般来说，时间较长，涉及面较广，要写出一届任期的情况。

（2）年度述职报告。这是一年一度的述职报告，写本年度的履职情况。

（3）临时性述职报告。是指担任某一项临时性的职务，写出其任职情况。比如，负责了一期的招生工作，或主持一项科学实验，或组织了一项体育竞赛，写出其履职情况。

（三）从表达形式上划分

（1）口头述职报告。这是指需要向选区选民述职，或向本单位职工群众述职的，用口语化的语言写成的述职报告。

（2）书面述职报告。是指向上级领导机关或人事部门报告的书面述职报告。

五、述职报告的内容

述职报告的内容，不同行业、不同层次的领导各不相同。但不论哪一行业，哪一个级别和层次的领导的述职报告，都应该具有以下几个方面的内容：

（一）岗位职责

述职报告首先要简明扼要地介绍自己的基本情况，如所任职务，任职时间。然后要详细介绍自己的岗位职责范围，即自己分管的工作、任职期间的主要工作目标。之所以要详细介绍，是因为岗位职责是群众评议和干部考核部门衡量述职者是否称职的标准。同一层次甚至同一职位的领导者因为分工的不同其职责范围各不相同，但岗位职责是任何一个职位都具有的。

（二）指导思想

这是每一位领导干部工作的不可缺少的前提条件。领导干部的工作有其目的性和原则性，那就是站在党的立场上，依据党和国家的政策法规去观察事物、分析问题、处理问题，开展工作。没有正确的指导思想，没有对党和国家的方针政策的深入领会，就不可能辨明工作中的是非曲直，看清事物的本质，找出存在的问题，采取正确的方法，从而很好地完成自己的本职工作。

（三）主要工作

这是述职报告最主要的内容。要向组织向群众如实地汇报自己所做的主要工作，工作过程中所取得的成绩以及由此带来的经济和社会效益，工作中出现的失误以及由此造成的损失，都要一一汇报。具体说来，主要包括下面这些方面：

（1）自己主持开展了哪几项工作，结果如何；

（2）协助别人开展了哪几项工作，结果如何，自己所起的作用如何；

（3）在任职期间，党和国家有哪些方针政策出台，自己是如何贯彻执行的，效果如何；

（4）在任职期间，上级有哪些重要的指示，自己是如何落实的，效果如何；

（5）在工作实践中遇到了哪些新的情况和新的问题，自己是如何处理的。

以上各点，都包括成功和失误两个方面，不能只说成绩，报喜不报忧。

（四）经验和教训

对自身的工作实践，还要能够概括出一些规律性的认识，其中包括成功的经验有哪些，今后应该如何发扬；失败的教训有哪些，今后应该如何防止。这部分内容要有分析研究、集中概括，要提高到理论的高度来认识。对于教训，则应着重分析造成失误的主客观原因，明确自己应负什么样的责任。

六、述职报告的结构

述职报告没有固定的写作模式，根据不同类型和主旨，可灵活安排结构。一般由标题、抬头、正文、落款四部分组成。

1. 标题

述职报告的标题，常见的写法有三种：

① 文种式标题，只写《述职报告》。

② 公文式标题，姓名+时限+事由+文种名称，例如：《××20××至 20××试聘期述职报

告》、《20××年至20××年任商业局长职务的述职报告》。

③ 文章式标题。用正题，或正副题配合，例如：《20××年述职报告》、《思想政治工作要结合经济工作一起抓——××造纸厂厂长王××的述职报告》。

2. 抬头

① 书面报告的抬头，写主送单位名称"如××党委"、"××组织部"或"××人事处"等。

② 口述报告的抬头，写对听者的称谓如"各位代表"、"各位委员"、"各位同志"，或"各位领导，同志们"。

3. 正文

述职报告的正文，由开头、主体、结尾三部分组成。

① 开头。又叫引语，一般交代任职的自然情况，包括何时任何职，变动情况及背景；岗位职责和考核期内的目标任务情况及个人认识；对自己工作尽职的整体估价，确定述职范围和基调。这部分要写得简明扼要，给听者一个大体印象。

② 主体。是述职报告的中心内容，主要写实绩、做法、经验、体会或教训、问题，要着重写好以下几个方面：

对党和国家的路线方针政策、法纪和指示的贯彻执行情况；对上级交办事项的完成情况；对分管工作任务完成的情况；在工作中出了哪些主意，采取了哪些措施，作出哪些决策，解决了哪些实际问题，纠正了哪些偏差，做了哪些实际工作，取得了哪些业绩；个人的思想作风、职业道德，廉洁从政和关心群众等情况；写出存在的主要问题，并分析问题产生的原因，提出今后改进的意见和措施。

这部分，要写得具体、充实、有理有据、条理清楚。由于这部分内容涉及面广，量多，所以宜分条列项写出。"条"、"项"要注意内在逻辑关系安排好。

③ 结尾。结尾一般写结束语。用"以上报告，请审阅"、"以上报告，请审查"、"特此报告，请审查"、"以上报告，请领导、同志们批评指正"等作结。

4. 落款

述职报告的落款，写上述职人姓名和述职日期或成文日期。署名可放在标题之下，也可以放文尾。

七、述职报告的写作要求

（一）要充分反映出自己在任期内的工作实绩和问题

述职是民主考评干部的重要一环，也是干部自觉接受组织和群众监督的一种有效形式。干部作述职报告，是为了让组织和群众了解和掌握干部德才状况和履行职责的情况。因此，述职报告应该充分反映出自己任期内的工作实绩和问题，也即写出自身在岗位上为国家和人民办了什么实事，结果怎么样，有哪些贡献还有哪些不足，包括工作效率、完成任务的指标、取得的效益等。工作实绩如何，是检验干部称职与否的主要标志，述职人要充分认识这一点，实事求是地把自己的工作实绩和问题反映出来。

（二）要实事求是地评价自己

对自己的评价要实事求是，不夸大，不缩小，要准确恰当，有分寸，不说过头话、大话、假话、套话、空话。要做到这样，应注意处理以下几个关系：

（1）处理好成绩和问题的关系，就是理直气壮摆成绩，诚恳大胆讲失误。

（2）处理好集体与个人的关系，不能把集体之功归于个人，也不要抹杀了个人的作用，必须分清个人实绩和集体实绩。

（3）在表述上要处理好叙和议的关系，就是以叙述为主，把自己做过的工作实绩写出来，不要大发议论，旁征博引，议论也只是对照岗位规范，根据叙述的事实，引出评价，不能拔高。

（三）要抓住重点，突出个性

述职报告，如果用口头报告表述。一般宜占用30分钟，如果用书面报告表述，一般以3 000字以内为宜。因此，表述的内容应抓住重点，抓住最能显示工作实绩的大事件或关键事写入述职报告。凡重点工作、经验、体会或问题等，一定要有理有据，充实具体，而对一般性、事务性工作，宜概括说明，不必面面俱到。抓住重点，突出中心，还应突出自己的特色，突出自己独有的气质，独有的风格，独有的贡献，让人能分辨出自己在具体工作中所起的作用。

拓展训练

分组讨论述职报告与工作总结的区别，并用关键词进行归纳。

任务四　汇报材料写作

学习目标

通过学习，能在实际工作中撰写汇报目的，条理清晰，重点突出的汇报材料。

任务导入

以小组为单位，根据本组上次实践任务的完成情况，撰写汇报材料。

范文阅读

××大学2003年暑期社会实践活动汇报材料

大学生暑期社会实践作为促进大学生素质教育，加强和改进青年学生思想政治工作，引导大学生健康成长成才的重要举措，作为培养和提高学生实践、创新和创业能力的重要途径，一直来深受学校党委的高度重视。今年，共青团十五大的召开和刚刚经历“非典”的考验使本次“三下乡”活动的意义非同寻常。为响应团中央、全国学联联合发出的关于2003年暑期大中专学生“三下乡”社会实践活动的有关通知精神，根据市团委今年暑期社会实践活动的部署，以实践“三个代表”，弘扬民族精神为主题，紧密结合我校专业特色，紧扣防治非典和实践三个代表两条主线，我校团委全面规划、精心部署，组织了大规模的学生社会实践活动。通过这次实践，充分激发和调动了同学们的爱国主义精神和参与意识，使广大学生加深了对社会、对群众的了解，提高对国情的认识，从而增强拥护和执行党的基本路线的自觉性，巩固和深化课堂知识，锻炼和增强解决实际问题的能力。

一、加强领导、广泛动员

我校党委和有关部门始终把学生暑期社会实践摆在党政工作的重要位置，把实践活动列入学生培养的总体框架之中，并作为对学生进行全面考核的重要内容之一。近些年来，我校学生暑期社会实践活动每年都取得了较大成绩，无论是社会实践的广度和深度、团队总数、参加人数、涉及地区和社会影响都呈稳步上升趋势。为今年我校暑期社会实践活动取得良好的成绩提供了必要前提和重要保障。根据团市委今年暑期社会实践活动的精神，结合我校自身特点和今年的特殊情况，紧紧围绕抗击非典和促进经济建设两个重点，广泛动员青年学生参加社会实践活动。为保证活动的顺利开展，我校成立了以党委副书记赵文同志为组长，有关部门负责同志为成员的 2003 年暑期学生社会实践活动领导小组，要求各院系制定详细、周密、安全的措施，明确责任，精心组织，抓好落实。各院系紧紧围绕活动主题，广泛宣传动员，并结合各自年级特点，制定了本单位的社会实践活动方案，把农村贫困地区、城镇社区作为重点服务地区，把防治非典服务、医疗卫生下乡、大学生“三个代表”实践服务作为重点活动内容，切实深入基层，与普通群众打成一片，向群众学习，增进对人民的情感，在实践中增强为人民服务的意识和艰苦奋斗的意识，调动高年级本科生、研究生参与社会实践的积极性，引导他们重点考察北京市的教育发展状况，为首都教育的发展贡献自己的力量，力争把我校学生暑期社会实践工作推上一个新的台阶。

二、精心组织、点面结合、注重实效

针对非常时期，学校转变教学方式，大部分学生都在家学习的特殊情况，为了保证今年暑期社会实践的顺利开展，学校团委适当转变组团方式，注重点面结合，把集中组团与分散实践的方式结合起来，充分调动广大学生的积极主动性，使参与社会实践的人数增加，并扩大了实践范围。初步统计，我校今年参与暑期社会实践的学生超过 7 000 人次，实践地区包括北京、安徽、湖南、湖北、内蒙古、江苏、山东、黑龙江、辽宁等 20 余个省、自治区、直辖市，收到了很好的实际效果。

政法学院分团委在接到通知很短的时间就组建了暑期“三个代表”社会实践宣讲团。本次宣讲团成员主要由 2000 级 3 班法律专业和学生理论社团的同学组成，按照学校团委“就近就便”的工作原则，在八里庄街道鼎力社区居委会进行为期一周的暑期社会实践活动。针对当地居委会反映该社区居民对于法律咨询的要求较为强烈这一实际情况，实践团在鼎力社区西区小花园开展了法律咨询活动。同学们积极、热情、认真、严谨的为居民们作了有关婚姻、财产继承、民事纠纷等方面的法律咨询，得到该社区居委会领导和居民们的一致好评。此外，实践团还与居委会的同志举行了多种形式的交流和座谈。在此次社会实践活动中，除了组织在学校学生到社区开展活动外，政法学院还采取点面结合的方式，鼓励和支持返家学生，立足家乡，利用假期开展多种形式的实践和调研活动。取得了积极的成果。

外院 2002 级英语教育系 1 班的同学以北京市大学生为关注对象结合国家的发展，人才的流失，就当代大学生责任问题展开讨论与调查。调查报告深刻而发人深思。英文系 2002 级 4 班实践小分队深入到房山区后浦村进行主题为“关注教育与人才”的调研活动。他们利用问卷和走访等形式调查了当地的人口、生活、经济水平，尤其是教育等具体情况。在村里唯一的小学里，村委会的领导对当地教育等问题进行了座谈，同学们用新时代大学生的独特视角，切实的调查体会当今中国农村的教育状况。通过实践活动，同学们纷纷表示此次社会实践增长了他们对社会现状的认识，加强了对社会的责任感和使命感，更加明确了自身的社会位置和价值以及今后的发展方向。外院英语教育系的学生在暑假期间自己组织家附近的小朋友义务授课，不仅仅丰富了暑期的生活，还有效的培养和提高了自身专业技能，为今后走向社会打下了较为坚实的基础。文学院通过走进社区、郊区及利用电话与网络采访等多种形式，围绕包括“三个代表”思想与特殊时期高尚精神的宣传、“抗击非典珍爱健康”宣传、非典时期先进人物事迹宣传以及绿色文明奥运宣传等四项主题进行综合实践活动。此次活动的重点在于深入社区，在朝阳区和平街道和平家园社区和房山区琉璃河镇祖村，同学们通过各种形式对当地居民宣传防治“非典”的重要性，普及医疗保健知识，倡导健康文明的生活方式，希望能以丰富多彩的形式努力提高首都市民的公民道德素质和文明修养。

资环学院以党员大学生为主体，组织学生围绕首都现代化城市管理体制的建立和“新北京、新奥运”的建设展开社会调查。针对生活中比较突出的交通、治安、环保、卫生等问题展开细致的调查并提出解决建议，为北京建立公共卫生体系、公共安全应急体系和社会保障体系，提高城市管理水平，建设现代化大都市、迎接2008年奥运会献计献策。一系列的社会活动，开阔了同学们的眼界，使学生有充分接触社会、了解社会的机会，自身也得到了很好的锻炼。

数学系分团委结合专业特点组织学生到北京的国土房管局，汽配中心，打字复印服务部，编辑部，中国银行监督管理委员会第一统计处，宣武区安顺城菜市场，永定机械厂，天驰润滑油集团，大兴电器配件加工厂等企事业单位，开展社会调查和挂职锻炼。科技社会实践小分队，就社会热点问题结合专业知识开展科学研究活动。同学们围绕大学生思想状况、大学生消费观念、能源问题等问题进行了调查并利用所学的数学知识分析研究并写出了质量较高的报告。更多的同学走进社区，了解社区、为社区建设提建议、在社区开设服务站，参加本地社区的环境保洁、小区巡防。部分同学通过提前到小学、中学进行实习，不但积累了一些教学经验，更多的体会到了教师责任的重大。“追寻学长足迹”主题调研小分队，活跃在北京的普通教育战线，利用暑假走访了数十名数学系毕业生，通过采访他们在一线教学实践中的经历和体会，结合社会发展和市场需求，为数学系的未来发展以及在校生将来能适应社会要求提出了合理化建议。

生物系团总支在同学中进行了全面的动员，通过电话、信件、网络与每一位同学取得联系并在踊跃报名的学生中挑选出20多名同学，组建了“三个代表”宣讲团和社会调研团。设立专门负责人，对参与社会实践的队员提出了明确的要求。在社会实践期间，同学们深入到郊区、学校、家属区，对不同的人群进行了走访，同时也亲身感受基层干部为地方经济发展，解决老百姓的实际困难而付出的艰辛，大大改变了他们对基层党员干部的片面认识，他们对国家、对社会树立了更加坚定的信念，明确了自己奋斗的目标。通过宣讲，很多学生还同一些单位、社区结对子、交朋友，双方建立起长期的联系。此外，部分同学对师范生就业情况、城市环境污染问题、农村教育的建设问题等进行了调查研究，深刻地感受到了“三个代表”的实践对国家发展、百姓致富的重要意义，对“三个代表”的理解更加深刻了。实践结束后，同学们纷纷表示，通过这次社会实践的锻炼让他们有机会学到很多课堂上所没有的知识和经验，使自己变得更加成熟和自信。

为了丰富学生的艺术实践活动，活跃部队的文化生活，今年八一前夕，音乐学院组织学生骨干来到了解放军武警 9 支队二大队的所在地，举办了“鱼水情深——首都师范大学音乐学院学生会与解放军武警9支队二大队共庆八一文艺晚会”。同学们从接到任务的短时间内以极大的热情精心组织和排练演出节目，演出当天，精彩的节目博得了武警战士们热烈的掌声，虽然天空下起了雨，给演出带来了一定的困难，但这丝毫没有影响到同学们的热情，活动取得了圆满成功。这次社会实践活动使同学们得到了锻炼，积累了舞台经验，并且展现了音乐学院学生的良好形象。

此外，历史系、物理系、美术学院、教科院、化学系、信息工程学院、初教院等院系也积极组织学生进行多种形式的社会实践活动，极大的丰富了学生的暑期生活，使学生在实践过程当中提高对社会的认知度，为树立当代青年良好的政治水平、道德修养和正确的社会责任感起到了积极的作用。

纵览今年暑期的社会实践活动，领导重视、组织精心、注重实效、学生参与面广、活动内容丰富、社会反响强烈，收到了良好的效果。

三、辛勤耕耘、硕果累累

学生社会实践工作是对学生进行思想教育，全面提高学生综合素质的重要途径，它开展的效果如何，将对学生的成才需求产生重要影响。今年暑期社会实践活动不仅引起了良好的社会影响，更是给参加实践的同学提供了走出教室，到社会的大课堂上去经受风雨，增长才干，感受服务社会、贡献才智的喜悦和以自己的实际行动去实践“三个代表”的重要思想的机会。通过艰苦条件的磨练，培养了同学们不怕困难，勇于克服困难的精神，培养了大家团结友爱，互助互让，关心集体的良好品质。通过此次社会实践，同学们真正体会到了什么是理论联系实际，为什么要在实践中探索、检验真理。他们表示，要更加珍惜在学校学习的时光，努力掌握更多的知识，并不断深入到实践中，在实践中检验自己的知识，锻炼自己的能力，为今后更好地服务于社会打下坚实的基础。

总之，在学校党委的高度重视和正确领导下，学校团委精心组织，各院系团组织和广大师生积极配合，今年暑期我校学生社会实践工作进展顺利、成效显著。在此次实践活动中涌现出了一大批先进集体和先进个人，完成了数百份具体、详实的调查报告，为我校社会实践工作积累了丰富的资料。校团委将对今年暑期的社会实践工作做认真的总结和宣传，以利于进一步推进我校学生社会实践工作的深入开展。使更多学生能通过社会实践锻炼自己，增长才干，服务社会，奋发成才，为我国教育事业的发展贡献力量。

必需知识

一、什么是汇报材料

汇报材料是下级向上级领导进行工作汇报时的文稿，它的好坏直接反映了汇报主体的领导能力和部门的工作水平。

二、汇报材料的写法

汇报材料从本质上讲，属于口头工作总结，写法和总结相似，一般结构包括工作情况、取得的成绩、存在的问题、今后的设想等内容。

三、汇报材料写作技巧

（一）投其所好，应其所需

汇报内容要紧扣上级领导听汇报的意图，要防止三种情况：一要防止走题，千万不能答非所问。二要防止随意增加与上级要求无关的汇报内容。三要防止随意减掉上级要求汇报的内容。

汇报内容要紧扣听汇报者的心理，紧扣听汇报者的职责。

（二）突出特点

（1）把最有特点的内容放到最前边，使领导一听就能感到你的特色，以求先声夺人的效果。

（2）浓墨重笔，给人以完整清晰的印象。

（3）写深、写透，充分挖掘、展现其工作内涵、理论内涵、思想内涵，力求给人以启迪甚至震撼。

（三）突出重点

第一，最适合领导心理的内容。因为这是领导最关心、最想听、最爱听的内容，不把它重点汇报好，其他方面汇报得再好，也难以取得好效果。

第二，最能体现汇报主体特点的内容。因为这是汇报主体在工作上最鲜亮、最吸引人的地方，要在诸多汇报中打得响，主要靠把这方面的内容汇报好。

第三，内涵最丰富、内容最深厚。也就是说，要把有话可说、有思想可挖、有经验可总结的内容作为汇报的重点。

（四）写出思想

在撰写汇报材料时，应重点汇报工作思路，对工作措施进行理性概括， 对经验、体会应有理性升华，同时应对问题进行深刻挖掘。

拓展训练

阅读下列案例后讨论问题：

某省新上任的省长，做的第一件事就是专题调研作为全省核心增长级的城市群的发展问题，并事先向有关市政府发出通知，告知这次调研的意图和研究的重点问题。

在汇报会上其中一个城市市长的汇报，几乎就是一个变相的政府工作报告，汇报的内容涉及该市工作的方方面面，谈到这次调研的专题问题时，则一笔带过，这个市长的汇报当场即被省长叫停。第二个市长的汇报，避免了这类错误，但对如何推进城市群的发展，过多地拘泥于对前段所做工作的汇报，由于这项工作还刚刚开始探索，所以汇报的无非是修了几条路，开了几次会常规性的工作，根本说明不了什么问题。而对推进城市群的政策建议，则犯了一个原则性、规律性的错误，强调要推进城市群的发展，省委省政府必须下决心推进几个城市的行政一体化，通过行政体制的统一和行政权威的强化，来促进几个城市经济的一体化。结果受到省长的严厉批评，说该市主要领导的思维还停留在计划经济时期，因为它违背了现代城市、现代经济发展的规律与趋势。第三个市长的汇报，对前段推进城市群发展的工作汇报，非常客观，说这项工作还刚刚起步，还在规划、决策论证之中。重点就省政府明传电报提出的几个问题，进行了重点地分析和汇报，特别强调在市场经济条件下，推进城市群的发展，关键是促进城市经济的一体化，尤其是城市间的产业合作与互补，要避开走行政一体化的老路。这个汇报得到省长的充分肯定。

问题 1：在此案例中，你受到什么启发？

问题 2：你认为在汇报材料的写作中应注意哪些问题？

任务五　调查报告写作

学习目标

能够运用科学合理的方法进行调查，并能撰写具有实用价值的调查报告。

任务导入

选择校园内某一问题进行调查，要求如下：

- 调查前制订一份调查计划。
- 要求至少运用 2 种调查方法，其中一种必须为问卷调查。
- 设计一份调查问卷。
- 撰写一份调查报告。

范文阅读

关于农村饮用水安全建设的调研报告

农村饮用水安全问题关乎农民的生存与生活质量，为了解我市农村饮用水安全建设工作情况，本调研小组成员历时三个月，走遍我市各个乡镇及部分相关部门，发放调查问卷 3 100份，走访农户 200 余家，较为全面地了解了我市农村饮用水安全建设现状。

一、我市农村饮用水安全建设现状及主要问题

近年来，我市各级党委政府重视农村饮用水安全建设工作，制订了相关规划，出台了一系列政策措施，加大了财政投入力度，为解决农村饮用水安全问题作了大量工作，取得了明显成效。市委、市政府连续三年把农村改水列入为民办“十大实事”之一，市财政每年也拨出 100 万元资金用于农村改水工作。××市出台了《××市千万农民饮用水工程实施意见》，鼓励支持各方参加饮用水工程建设的市场化运作。××区积极探索建立政府引导、社会参与、农民合理承担相结合的多元化、多渠道投资机制。××县启动实施了“甘泉工程”，计划投资 4 亿元，用 5 年时间让全县农民喝上合格的自来水。2000 年，永康兴建桥下水厂，向四路、桥下、古山、胡库四镇跨区域供水，该水厂 2004 年被评为全国优秀水厂。自 2003 年启动“千万农民饮用水工程”以来，全市共开工建设农村饮用水省重点工程 42 处，基本完工的有 18 处；分散式饮用水工程及改造项目 400 处，已完工 260 处，总投资达 5 亿多元，改善 70 多万农村人口饮用水条件。这些举措极大地改善了农村居民的饮用水条件，提高了农民的生活质量，被称为德政工程和民心工程。

但是我市农村饮用水安全现状也不容乐观。截至 2004 年底，全市农村自来水普及率为 67.89%，全市范围有 100 万左右农村人口仍在饮用被污染的溪河水、塘水和公用大口井水，约有 45 万人口仍在饮用分散式供水源。全市农村总人口（不包括外来人口）361.14 万，其中饮用水安全或基本安全人口 149.42 万，占农村总人口的 41.4%；饮用水不安全人口 211.72 万，占农村总人口的 58.6%。在饮用水不安全人口中有 175.27 万是属于饮用水水质超标，占饮用水不安全人口的 82.78%；有 36.45 万属于水源保证率、生活用水量及用水方便度方面缺水问题，占饮用水不安全人口的 17.22%。饮用水水质超标集中在细菌总数、总大肠菌群、锰、浑浊度、铁等指标，超标人口达 67.96 万，其中尤为严重的是全市共有 45 个乡镇 322 个村 20.7 万人存在饮用水含氟超标问题。农村饮用水的不安全，严重影响了农村居民的身体健康和生命安全，已成为农村水传染病的诱因，成为农民生命与健康的“隐形杀手”。

二、影响我市农村饮用水安全建设的原因

影响我市农村饮用水安全建设的主要原因有：

（一）水源污染严重

由于受工业的“三废”污染，农业的化肥、农药污染，水面养殖污染，畜禽粪便污染，生活的垃圾污染和塑料制品废弃物污染，水源污染日益严重，水质越来越差，造成全市水质性缺水十分严重，几乎已到了“有水不能用”的地步。据市水利局等单位 2004 年对××境内的 46 个河流断面的监测结果显示，全年没有一个符合Ⅰ类水质标准的河段，符合Ⅱ类水质标准的有 10 个，符合Ⅲ类水质标准的有 2 个，符合Ⅳ类水质标准的有 5 个，符合Ⅴ类水质标准的有 1 个，劣于Ⅴ类水质标准的有 28 个，占 60.9%。折算成河流长度，劣于Ⅲ类水质标准的河段比 2003 年增加了 32.6 公里，增幅达 6.6%。

（二）供水管理不善

我市农村水厂多建于 20 世纪 80 年代农村改水工作时期，受当时经济和社会条件限制，农村供水管网大多数采用水泥管和普通塑料管，由于缺乏维护和管理，经过 20 多年的运行使用，机电设备陈旧不堪，管网普遍老化，渗漏水严重，大多数管网的渗漏率为 40%～50%。又加上缺少运行管理主体，缺乏良性运行管理机制，管理不善，不能自我维持，实现不了以水养水的目的，许多水厂不得不停水关门。截止 2004 年底，全市农村共有供水厂（点）4 507 座，但已处于勉强维持供水（每天供水两次以下）的有 836 座，占 18.55%；已完全停顿瘫痪的供水厂（点）998 座，占 22.14%。自来水厂关闭了，村民只能自打井取水。盲目开采地下水，不仅水质得不到保证，而且容易造成地下水源的污染。

同时，由于水质监测体系不完善和水体净化消毒制度不健全，许多行政村镇及自来水集中供水厂（点）供出的仅仅是未进行任何处理过的“方便水”。据市改水办普查统计，全市农村 4 507 座供水厂（点）中，不定期开展水质检验的供水厂（点）占 35.28%，完全未开展水质检验的供水厂（点）占 64.72%；开展消毒的供水点（厂）占 34.23%，完全未开展消毒的供水点（厂）占 64.76%。由于缺乏专门的经费与人员，水质监测部门对农村饮用水质疏于管理，水质检测都以村民自愿送检为主，农村饮用水的卫生监督监测工作难以持久开展。供水部门和监测部门对水质好坏不承担责任，对检测不合格的水源、水质没有相应的处置措施。

（三）资金投入不足

农村改水是一项政策性强，涉及面广的社会系统工程，建设项目多，资金投入大，资金短缺一直是影响改水工程建设的一个主要原因。一方面政府投入不足，另一方面农村集体经济比较薄弱，村民集资积极性不高，政策引导乏力和新的投资体制尚未形成。据统计，全市“十一五”期间将建设集中式供水工程 529 处，分散式供水工程 494 处，其中解决氟超标不安全饮用水工程 1 007 处，规划解决农村饮用水不安全人口 191.29 万人。预计总投资约 17.84 亿元，可争取国家、省财政补助 5.5 亿元，其余 12.34 亿元资金，将全部由地方解决，缺口非常之大。以市本级为例，截至 2005 年 7 月底，市改水办共收到 313 份各乡镇申请改水引水的报告，而今年市里安排农村改水的任务村是 50 个村，资金是 100 万元，平均每村补助 2 万元，这对农村改水的高额费用来说是杯水车薪。

另外，农村改水成本及工程通水后到户水价偏高，难以承受。例如，实施城市供水管网延伸，实行一户一表改造，城市居民每户费用是 720 元，而农村居民每户则为 2 000～3 000 元。金东区江东镇供水工程已实现通水，市自来水公司给镇里的水价为 1.8 元／m^3，镇里在综合考虑管网漏损等因素后给村里的水价为 2.2 元／m^3，村里向农户收取水价达 2.5 元／m^3左右，比市区高 0.7 元／m^3，出现了自来水到户后，村民用不起水的现象。

（四）管理体制不顺

××市本级多头管水，市自来水公司属市建设局管理，城市供水由建设局负责，市农村改水职能在市卫生局，但水资源管理和农民饮用水工程由市水利局管理，涉及的管理部门多，没有一个统一的协调机构，形不成合力，不能形成城乡供水一体化的体制。目前，我市许多县（市、区）已进行了水务管理体制的改革，成立了水务局，由水务局统一管理城乡供水工作。但市县两级管理体制脱节，导致了基层协调沟通困难。另外，市区自来水公司为企业化管理单位，在向农村供水时要考虑企业自身的经济利益，在目前的体制下也一定程度上制约了市区自来水向农村延伸。

（五）思想观念落后

长期以来，农村居民饮用水安全意识不强，对饮用水安全程度仅凭肉眼判断，对水质超标问题，普遍都存在习以为常的麻木思想；乱扔乱倒生活垃圾、随意排放生活污水和人畜粪便现象普遍。缺乏水资源忧患意识，节水观念极为淡薄，浪费水资源现象严重。没有把水作为一种商品，喝水不花钱的思想根深蒂固。有的村庄即使接上了自来水管网，但“滴水”现象普遍。

三、加快我市农村饮用水安全建设的意见和建议

水是生命之源，农村饮用水安全问题，事关农民群众身体健康和生命安全，事关农村经济社会可持续发展。各级党委政府要高度重视，实事求是，采取措施，稳步推进，切实把这项惠民工程抓紧抓好，让广大农村居民喝上“放心水”。

（一）提高认识，加强领导

一是要提高对农村饮用水安全问题的认识。各级党委政府要从实践“三个代表”重要思想、落实科学发展观的高度，从建设社会主义新农村、构建社会主义和谐社会的高度，充分认识解决好农村饮用水安全问题的重要性、紧迫性，把它作为政府强化对农村公共服务的重要任务。二是要切实加强对农村饮用水安全建设工作的领导。建议各级政府成立农村饮用水安全建设领导小组，由市长及各县（市、区）长任组长，统一领导、协调全市及县（市、区）的农村饮用水安全建设工作。要把农村饮用水安全建设作为各级政府“三农”工作的重要内容，列入各级政府政绩考核项目。要把农村改水与城乡一体化、“百村示范、千村整治”工程结合起来，并把农村改水列入村庄整治的主要内容。三是要抓紧理顺水务管理体制。建议多方协调，统一管理农村和城镇饮用水建设工作，全面整合水利资源，推行水务一体化，推进城乡供水一体化。四是要广泛开展农村饮用水安全科普知识宣传教育。通过宣传教育，一方面要增强农民群众水资源忧患意识和环保意识，保护水源，节约用水；另一方面要切实提高农民群众的饮用水安全意识，养成良好的卫生习惯，防止疾病传播。

（二）科学规划，分类实施

制定切实可行的农村饮水安全建设规划是做好今后工作的基础。各县（市、区）要在深入调查研究的基础上，根据当地条件、需求和可能，抓紧编制完善“十一五”农村饮用水安全建设规划和到2020年农村饮用水安全建设总体规划，力争通过3～5年的努力，初步解决农村饮用水安全问题。按照“先急后缓、先重后轻、突出重点、分步实施”的原则，优先解决对农民生活和身体健康影响较大的水质安全问题。农村饮用水安全建设规划要与村庄建设规划、城镇建设规划、城市建设总体规划相衔接，要从“共建大××市”的高度，突破现有行政框架，整合水资源，做到优势互补、资源共享。

各县（市、区）要因地制宜，根据山区、丘陵、平原、城郊结合区等不同的改水地理环境，重点考虑人口分布、用水需求和经济发展条件，分别选择采取以下三种建设模式改善农村饮用水安全问题。一是城乡联网。依托原城市供水管网向城郊或管网沿线农村辐射，拉长距离延伸到农村，实现城乡供水一体化，让农民喝上与城市同质的自来水。二是区域集中供水。对远离城市供水管网、不具备并网条件，但当地有水源，且人口较为集中的区域。可以依托现有水源工程，新建或扩建规模水厂形成区域性集中供水；也可以扩建或新建水源工程，建设规模水厂。集中连片供水的区域，以集镇为中心，建设标准化水厂，其管网向农村辐射。三是独立成网与分散式供水。在偏远农村和山区、丘陵边缘地带，由于地势高低不平，村庄相对分散，人口密度相对较小。

（三）多方筹资，加大投入

我市农村饮用水安全建设最大困难是资金短缺。农村饮用水工程作为社会公益性事业，建议各级政府发挥主导作用，加大投入力度，引导建立多元化投资机制。首先，各级政府要按照工业反哺农业、城市支持农村的要求，将农村改水项目资金列入年度财政预算计划，安排专项资金用于工程建设，并逐年增加。其次，对大型的农村饮用水工程，要积极立项，争取国家、省里的支持。第三，有条件的乡镇应从土地出让金中拿出一定的比例，用于农村饮用水工程建设。第四，坚持"谁投资，谁受益"政策，鼓励支持民间资金介入改水项目建设，采用市场化运作，多方筹措，解决改水资金不足。第五，从村集体资金中提取一部分和由用户自筹一部分。另外，供水企业在管道安装费用上要给予适当优惠。

要强化政策扶持。一是财政补助政策。建议市政府出台相关政策，建立政府专项补助资金，用于农村改水项目的补助。各县（市、区）政府要在原有的基础上，再加大扶持力度。二是水价优惠政策。针对一些乡镇与市区联网供水的水价高于城市居民用水水价的情况，市政府应出台政策，取消对农村供应的自来水水价中水资源费、污水处理费、城市建设维护费、教育附加费等费用，真正把政策落实到位，对农村居民实行让利性供水。

（四）强化服务，严格管理

水质监测是保障饮用水安全的重要手段。各级政府要加强疾控机构建设，落实人员和经费，更新仪器设备，尽快完善农村饮用水安全监测体系，定期对各类饮水系统进行水质监测，通报水质状况，指导农民安全饮用水，发挥政府的服务作用。对集中式供水工程，要加强水源、出厂水和管网末梢水的水质检验和监测。各水厂要建立以水质为核心的质量管理体系，建立严格的取样、检测和化验制度，按国家有关标准和操作规程检测供水水质，并完善检测数据的统计分析和报表制度。对分散供水工程，可以定期检测与不定期抽检相结合，确定监测点定期多次（一年至少两次，比如丰水期一次，枯水期一次）对饮用水质进行检测分析。要建立健全供水安全责任制，加强对小型水厂水质的监管力度，对检查不合格的供水单位，要严格按照有关规定进行查处，并督促限期整改。对农户自行打井取水的，要定期对水质进行检测，以确保水质的安全。确实因检测费用有困难的农户，可采取政府出一点、集体出一点、农户出一点的办法解决。对检验不合格的水井，或采取化学物理措施补救，或另选地址重新打井，少数水质很差的水井要填埋废弃，保证广大群众能喝上合格水。

在市场经济条件下，要确保工程项目充分、长期发挥效益，必须深化改革，建立工程运行管理机构，做到建管并重，明晰产权，落实责任，不断健全完善市场运作机制，努力提高运行效益，建立起良性循环的运行机制。建议采取以下方式进行管理：一是以国家和集体投资为主修建的工程，可由水利部门和受益乡镇组建工程管理委员会，负责日常管理工作；也可尝试实行对外承包经营，明确责任主体。二是由民间资本或股份制修建的工程，则由业主负责管理，在确保饮用水安全的前提下，让经营主体有利润空间。三是分散式供水工程，由受益户代表建立管水小组，签订责任书，明确职责，保证供水的可靠性和安全性。水作为一种商品，农村用水管理要由福利型向成本型转变，实行有偿供水，合理收费。要进一步健全价格机制，用政府引导、市场定价的办法，形成合理的水价。

（五）防治污染，保护水源

加强水源保护，确保饮用水源水质安全，是农村饮用水安全建设的治本之策。建议各级党委政府进一步加大水资源保护工作力度。第一，切实做好饮用水水源地的保护工作。要依法划定饮用水水源地保护区，制定管理办法，加强水源涵养。在保护区内严格限制各项开发活动，禁止一切排污行为和对水源有影响的旅游和水产养殖活动。对可能威胁饮用水水源水质安全的上游集雨区内的住户实施生态移民。第二，大力防治工业污染。要严格实行污染物排放总量控制，严厉打击违法排污行为，积极推进循环经济，加快推行清洁生产。对违法违规建设的项目，要责令停建并限期治理整顿或拆除；对排污超标的企业和单位，要责令限期达标排放或搬迁。第三，积极控制农业面源污染。要转变农业生产方式，发展循环农业，指导农户合理施用化肥、农药，严禁使用高毒、高残留农药，推进畜禽粪便和农作物秸秆的资源化利用。第四，抓紧农村生活垃圾和生活污水的处理。结合村庄整治和示范村建设，开展农村环境治理。尽快建立农村生活垃圾集中处理制度，推进农村改厕和推行沼气池的建设，对生活污水和人畜粪便作无害化处理。

要积极探索建立生态补偿机制。对上游水源保护区域和下游污染受害区域，要进行合理的补偿，以适当的形式支持他们的护水工作。对库区农民要确定合理的补偿比例，以妥善处理库区农民与库外用户的利益关系、农灌水与饮用水的关系。建议从沙畈、金兰水库向城市供水的水价中划出一定比例资金，用于婺城区农村水源工程、引水工程建设。要建立跨行政区域河流交接断面水质管理制度，坚决制止污染转移。

××市政府（印章）

××××年××月××日

必需知识

一、什么是调查报告

调查报告是指有目的、有计划的，对客观事物进行全面、深入、科学的调查研究、分析推理从而得出能够反映客观事实，揭示事物本质规律的书面报告。简而言之，调查报告是报告调查研究结果的书面材料。

二、调查报告的种类

按内容性质划分，调查报告有以下两种：

1. 专题型调查报告

这类调查报告是针对某个事件或问题撰写的调查报告。例如：《关于女大学生就业危机的调查报告》。

2. 综合型调查报告

这类调查报告是以综合调查众多对象及其基本情况为内容的调查报告。具有全面、系统、深入和篇幅较长的特点。它与专题调查报告的主要区别就在于它的综合性，读者可以从此类报告中看到事物相对完整的“立体全貌”。

三、调查报告的写作程序

（一）准备阶段

准备阶段的工作包括明确调查目的、确定调查内容和调查范围、制订调查方案和调查计划。

1. 明确调查目的

调查目的的确定往往是根据实际需要、围绕问题展开的，即根据组织运作中出现的某一问题而展开的。对于相同的问题，调查目的不同，调查内容和范围就会不同。

2. 确定调查内容

调查内容的确定就是确定调查的宗旨，即围绕什么问题而展开调查。

3. 确定调查范围

在确定调查内容的基础上，要确定调查的范围，主要是确定调查对象的范围。

4. 制定调查计划

调查活动要有所计划和安排。在确定调查内容和范围之后，就要着手调查方案的设计与计划的编制。一份完整的调查计划应该包括下列内容：

（1）调查的目的及意义；

（2）调查的内容及要求；

（3）调查对象；

（4）调查方式方法的选择；

（5）调查时间与步骤安排；

（6）调查的组织与领导；

（7）调查的工作制度和规范；

（8）调查人员的选定；

（9）经费和必要的物质保证等。

在制定调查方案和调查计划时应该注意以下两个基本问题：

（1）可行性。它主要指的是调查者是否具备进行或完成某一调查内容的主、客观条件。主观限制是指调查者自身条件方面的限制，它包括调查者在生活经历、知识结构、研究经验、组织能力、操作技术等方面的限制，甚至还包括调查者的性别、年龄、语言、体力等纯粹生理因素方面的限制；客观限制是指进行一项调查内容时受到的外在环境或条件的限制，如调查时间不够、有关资料不能取得、所涉及的对象、单位和部门不能给予必要的支持和合作等，所有这些，都是导致一项调查内容无法进行的客观障碍。

（2）合适性。即调查者对于调查内容相关的社会生活领域的熟悉程度、调查者与所调查对象之间的相似性程度，以及调查者所具有的各种资源、条件与该课题的要求相符合的程度等。

（二）调查阶段

1. 在调查阶段应注意以下 3 个问题：

（1）获得被调查的地区、单位与个人的支持与协助；

（2）调查要客观真实全面；

（3）采取适当、有效的调查方式和具体方法。

2. 调查的类型

（1）普遍调查，简称普查。它是指对总体对象中每一个具体的单位无一例外地进行调查。它适用于重大的基本情况调查。

（2）典型调查，指从总体或不同类型的对象中选择个别有代表性的单位进行调查。其调查结果用来推断、推广到总体或同类对象。

（3）个案调查，指对个别的对象进行调查。此类型调查针对性很强，主要用于社会的反常个体或新生事物，侧重于调查其存在状况和社会背景。如民工个案（生存状况）、组织个案（运行效率）等。

（4）重点调查，就是对调查对象总体中部分中起主要作用的单位进行调查，其结果推及其他一般单位。

（5）抽样调查，就是从总体中抽取部分样本进行调查，以其结果推断整体。

3. 调查方法

调查的方法有很多，常用的有：

（1）文献法。即通过查阅书面资料获得信息。查阅文献一般遵循先近后远、先大后小、先具体后抽象、先简单后复杂、先正面后反面的顺序，可以采用做记录、复印、翻拍等方法。

（2）观察法。即通过调查者直接观察而进行的调查。此方法侧重于调查对象的外观、形态或变化特征以及过程。

（3）访问法。即通过与对象进行交流讨论而获得较深层次信息的方法。访问法既可以表现为个别访谈，也可以表现为开座谈会的形式。

（4）座谈法。即通过召开会议获得较深层次信息的方法。

（5）问卷法。即将需要了解的问题设计成书面问卷的形式，由被调查者书面作答。可以表现为开放式问卷，即采用填空、问答的形式，答题者自由回答不受限制；也可以是封闭式答卷，即采用选择、是非题的形式，只能有限选择。

问卷通常由卷首语、指导语、主体等部分组成。

卷首语包括以下内容：

① 自我介绍（让调查对象明白你的身份或调查主办的单位）；

② 调查的目的（让调查对象了解你想调查什么）；

③ 回收问卷的时间、方式及其他事项（例如告诉对方本次调查的匿名性和保密性原则，调查不会对被调查者产生不利的影响，真诚地感谢被调查者的合作，答卷的注意事项等）。

指导语旨在告诉被调查者如何填写问卷，包括对某种定义、标题的限定以及示范举例等内容。

问卷的主体即问题。

问卷设计时需要注意以下问题：

① 问卷中所提的问题，应围绕研究目的来编制，力求简单、明了，含义准确。不要出现双关语，避免片面和暗示性的语言。

② 问题不要超过被调查者的知识、能力范围。

③ 问题排列要有一定的逻辑次序，层次分明。问卷的目的、内容、数据、卷面安排标准答案等都要认真地推敲和设计。

④ 调查表上应有留给供人填写答案的足够空间，并编有填写调查单位的名称、填表人的

姓名和填表年月日的栏目。

⑤ 问卷形式可以封闭式和开放式相结合，问题数量要适度，一般应控制在 30 个问题以内，最好在 20 分钟内能答完。

⑥ 为使调查结果更为客观、真实，问卷最好采用匿名回答的方式。

（三）分析阶段

分析阶段的主要任务是在全面占有调查资料的基础上，对资料进行系统的整理、分类、统计和分析。

（四）总结阶段

总结阶段的主要任务是写出调查报告，说明调查结果或研究结论。

四、调查报告的结构和内容

（一）标题

点明报告的主题。包括调查的时间、对象和内容。标题有单行标题和双行标题之分。

（二）前言或导语

前言的内容主要有：

（1）介绍调查活动的一般概况；

（2）介绍调查分析对象的基本情况；

（3）阐述研究议题的意义或调查的动机和目的；

（4）概述调查报告的主要内容；

（5）概述调查报告的基本观点，作为全篇报告的纲和目。

（三）主体部分

即调查的详细内容，包括调查方法、调查程序、调查结果。对调查方法的描述应尽量讲清是使用何种方法，并简述选择此种方法的原因。结构要严谨，推理要有逻辑性。有的调查内容附有数字、表格，以及对此的解释、分析。引用数据要注明出处。

1. 基本情况

即对调查结果的描述与解释说明，可以用文字、图表、数字加以说明。对情况的介绍要详尽而准确，为下一步做分析、下结论提供依据。

2. 分析与结论

对上述内容和数据进行科学的分析，找出原因以及各方面因素的影响，透过现象看本质，得出对调查对象的明确结论。

3. 措施与建议

通过对调查资料的分析研究，针对分析得出结论和调查发现的问题，提出建议和看法，供领导决策参考等。

（四）附录

调查资料中篇幅长而又很重要的图表和文字说明资料可作为附录附在报告之后。

拓展训练

分析调查统计与调查报告的区别。

第二单元 行政公文

行政公文的全称是党政机关公文，是行政机关在处理行政公务中，形成的具有权威性和特殊格式的应用文。是行政机关依法行政和处理事务的重要工具。习惯上也称之为“文件”。

2012 年 7 月 1 日起实行的《党政机关公文处理工作条例》中规定的公文种类主要有：命令（令）、决议、决定、公报、公告、通告、通知、通报、议案、报告、请示、批复、意见、函、纪要等十五类。

行政公文具有准确、及时、安全等特点，使用范围非常广泛。它不仅在各级行政机关通用，还应用于企业、事业单位和群众团体。

任务一 了解行政公文基本常识

学习目标

在掌握行政公文的基础上，会为单位起草行政文书。

任务导入

设计一份公文，要求形式规范，合乎公文要求。

范文阅读

××出 入 境 边 防 检 查 总 站 文 件

×边技〔2005〕6 号

签发人：×××

2005 年工作安排

2005 年总站工作的总体思路是：深入学习贯彻党的十六届四中全会、《中共中央关于进一步加强和改进公安工作的决定》和第二十次全国公安会议精神，全面请教“四个能力”建设，以周永康部长“三个下功夫”的要求为指针，以建设“文明国家窗口”、“第一国门”和打造“最优秀的行政执法队伍”为目标，以文明规范执勤和加强基层基础工作为重点，以制度建设和机制创新为保障，强化教育训练，狠抓规范管理，严明纪律责任，下大气力预防案件事故，积极推进队伍正规化建设，全面提高队伍整体素质和执法服务水平，为维护国家安全和社会稳定、服务改革开放和经济建设做出新的贡献。按照这一指导思想，今年要重点抓好以下几项工作：

（几项工作略）

2005 年的工作任务十分繁重，公安部和部局党委对我们的工作要求也很高，我们要以时不我待的意识和只争朝夕的精神，按照部党委确定的“全面推进年”的整体思路，坚定信心和决心，在部局党委的统一部署下，真正扑下身子，下大力气抓好工作落实，努力创造北京总站工作新局面。

××出入境边防检查总站（章）

二〇〇四年十二月七日

报：部六局

发：站属各单位

××出入境边防检查总站　　2004 年 12 月 9 日印发

承办人：刘××　　校对人：曾××　　共印 25 份

必需知识

一、什么是行政公文

行政公文就是通用公文，由中共中央办公厅和国务院办公厅 2012 年 4 月 6 日联合印发、自 2012 年 7 月 1 日起实施的（中办发【2012】14 号）《国家党政机关公文处理工作条例》第一章第三条规定：党政机关公文是党政机关实施领导、履行职能、处理公务的具有特定效力和规范体式的文书，是传达贯彻党和国家的方针政策，公布法规和规章，指导、布置和商洽工作，请示和答复问题，报告和交流情况等的重要工具。

二、行政公文的种类

根据不同的角度，行政公文有以下四种分类：

（1）根据行文的传递方向，可分为上行文、下行文、平行文。

（2）根据制发的目的和内容，可以分为规约性文件、领导指导性文件、公布性文件、呈请性文件、商洽性文件、证明性文件等。

（3）根据公文内容涉及秘密的情况，可分为对外公开、限国内公开、内部使用、秘密、机密、绝密六种。

（4）根据对公文处理时限的要求，可分为平件、急件、特急件三类。

三、行政公文的特点

（1）政治性。

（2）权威性。

（3）现实性。

（4）规范性。

四、行政公文的主要内容和结构

公文一般由秘密等级和保密期限、紧急程度、发文机关标识、发文字号、签发人、标题、主送机关、正文、附件说明、成文日期、印章、附注、附件、主题词、抄送机关、印发机关、印发日期等组成。

（一）眉首

是公文的文头，一般包含下列因素：

1．公文份数序号

新《办法》规定“机密”和“绝密”文件应该标明公文份数序号。其他不带密级的文件，如果单位觉得有必要，也可编制份数序号，例如国务院文件都标明公文份数序号。序号使用阿拉伯数字，顶格标识在版心左上角第一行。

2．密级和保密期限

公文如需同时标注密级和保密期限，用 3 号黑体字，顶格标识在版心右上角第一行，密级与保密期限之间用“★”隔开，例如“机密★10 年”。

3．紧急程度

用 3 号黑体字标识在版心右上角第一行，两字之间空一字；如需要同时标注密级，则在右上角第二行标识。

4．发文机关标识

是公文发出机关的名称标识。由发文机关全称或规范化简称后加“文件”两字构成。行政机关联合发文时，主办机关名称在前，同级的或相应的党、政、军、群联合发文时，要按照党、政、军、群的前后顺序排列，“文件”置于发文机关右侧。如果联合发文机关太多，要保证首页显示正文。发文机关标识推荐用红色小标宋体字，字号美观大方，一般要小于“22 mm × 15 mm”。

下行文发文机关标识上边缘距版心上边缘为 25 mm，上行文发文机关标识上边缘距版心上边缘为 80 mm，中间留出的空白，可供领导机关批示。

5．发文字号

包含机关代字、年份和序号三个要素。机关代字不能随意更改，例如国发、粤发等；“年份”是公文发布当年的年份，用阿拉伯数字全称，不加“年”字，外用六角括号“〔 〕”括起来；序号是按年度以发文先后为序从“1”开始编的序号，不编虚位号，比如不编“01 或 001”号，不加“第”字。用 3 号黑色仿宋字居中标注在“发文机关标识”下空 2 行。

6．签发人

上报的公文标识签发人姓名，平行排列于发文字号右侧，发文字号居左空 1 字，签发人居右空 1 字。“签发人”三字用 3 号仿宋字体，后面用全角冒号，冒号后用 3 号楷体字标识签发人姓名。如果有多个签发人，主办单位签发人姓名置于第 1 行，其他签发人姓名从第 2 行起在主办单位签发人姓名之下按照发文机关顺序依次排列，再下移红色反线，让发文字号与最后一个签发人姓名处于同一行，并且使红色反线与之距离为 4 mm（见图 1）。

7. 红色反线

是发文字号之下 4 mm 处与版心等宽（156 mm）的一条红线（见图 1）。

（二）主体

1．公文标题

由发文机关、主要内容概括（也叫“事由”）和文种三个要素构成，例如：《中共四川省委关于认真学习、坚决贯彻（中共中央关于加强党同人民群众联系的决定）的决议》。公文标题位于红色反线下空 2 行，使用 2 号小标宋体字，可分一行或多行居中排布，宽度不超过版心（156 mm）。回行时，要做到词意完整，排列对称（见图 2）。

2．主送机关

标在标题下 1 行左侧顶格，使用 3 号仿宋字体，回行时仍要顶格，最后一个主送机关名称后用全角冒号。如果主送机关名称过多，致使公文首页无法显示正文，应将主送机关名称移至版记中的主题词以下、抄送以上，标识方法和抄送相同。

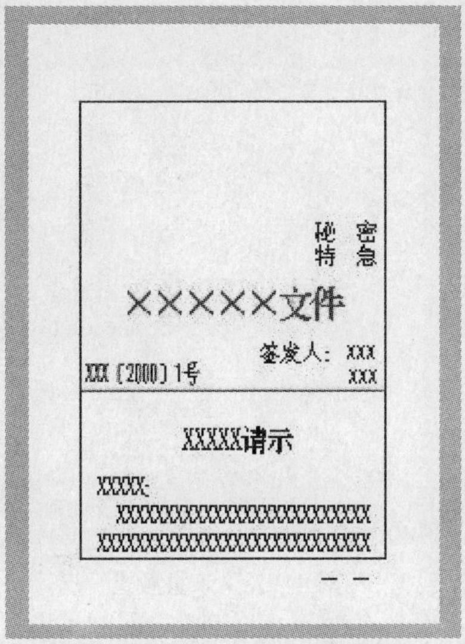

图 1　上报公文首页版式

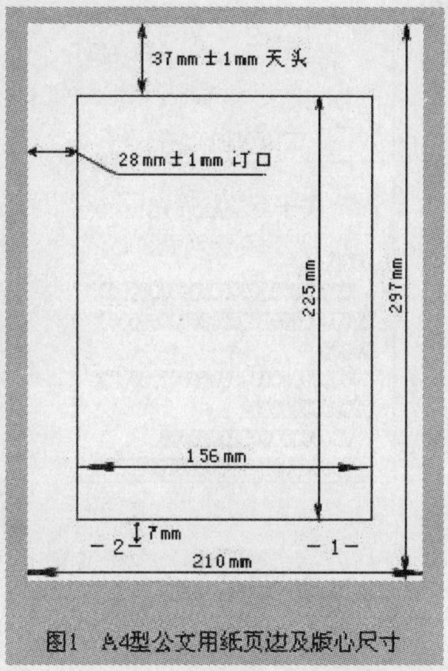

图 2　A4 型公文用纸页边及版心尺寸

3．正文

主送机关名称下 1 行，每个自然段左空 2 字，用 3 号仿宋字体。正文中如果有小标题，使用 3 号黑体字。正文一般有开头、主体、结尾三个层次，开头阐述发文的原因、目的、依据等，主体内容复杂时，可采用条项写作，结尾通常提出希望和要求，有时也可省写（见图 3）。

4．附件说明

位于正文下 1 行，左空 2 字，使用 3 号仿宋字标识“附件”二字，后标全角冒号和附件标题，附件标题后不使用任何标点符号。如果有多个附件，用阿拉伯数字标注序号和名称。

5．成文日期

是指公文开始生效的日期。要用汉字的小写数字标注年、月、日，不用简写，不能使用阿拉伯数字，比如“〇”不能写成“0”，标注在附件说明的右下方。法规性公文或会议文件，一般在标题下方标明生效日期或者通过日期，正文后就不再签署成文日期。

6．印章

机关印章使用红色，加盖印章应上距正文 2～4 mm，端正、居中下压成文日期。

（1）单一机关发出的公文，盖发文机关的印章；当印章下弧无文字时，用下套方式，以下弧压在成文日期上；当印章下弧有文字时，用中套方式，就是用印章中心线压在成文时间上（见图 4）。

（2）联合行文印章，当需要盖两个印章时，要将成文日期拉开，左右各空 7 字，主办机关印章在前，两个印章均压成文时间；两印章采用同种印章方式，以保证印章整齐。两个印章不相交或相切，相距不超过 3 mm（见图 5）。

联合行文需要加盖 3 个以上印章时，主办机关印章在前，每排最多排 3 个印章，两端不得超出版心；最后一排如果余一个或两个印章，均居中排布；印章之间互不相交或相切，在最后一排印章之下右空 2 字标识成文时间（见图 6）。

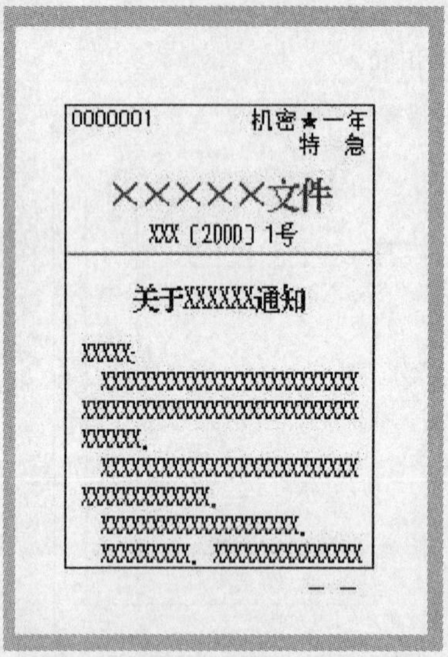

图 3　公文首页版式

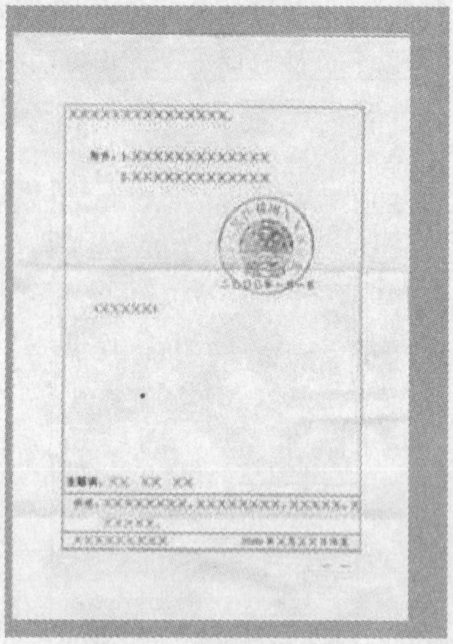

图 4　公文末页版式

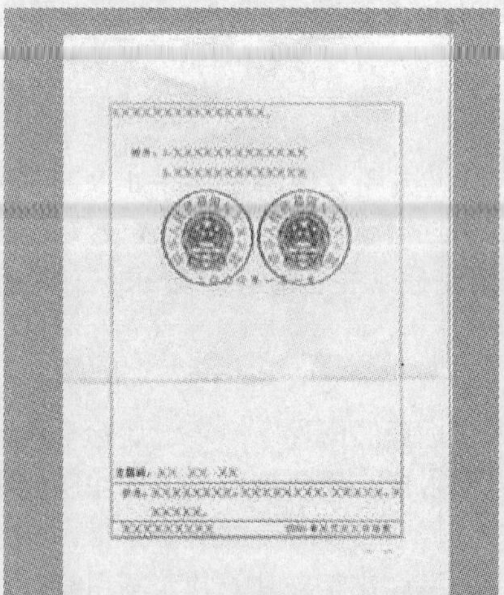

图 5　联合行文公文末页版式 1

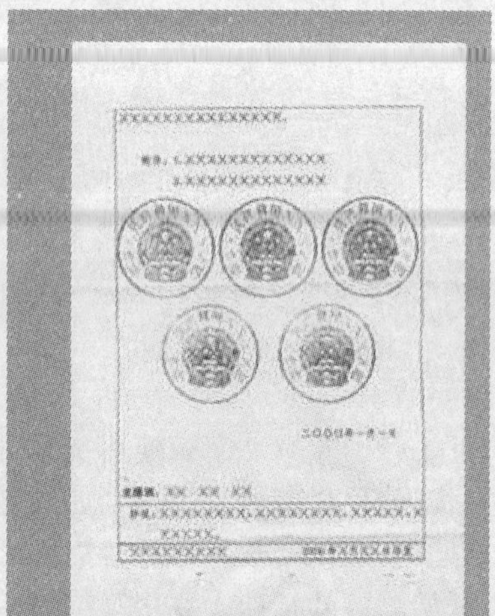

图 6　联合行文公文末页版式 2

7．附注

公文如有附注，用 3 号仿宋体字，居左，空 2 字，加圆括号标识在成文时间的下一行。

（三）版记

版记属于公文的末尾，不属于“文本”部分，主要用于标识与发文有关的事项，置于公文最后一页，一般包括以下要素：

1．抄送

抄送机关指除主送机关以外需要执行或知晓公文内容的其他机关，机关名称使用全称（可用规范化简称）。抄送在主题词下一行，左空 1 字，用 3 号仿宋字标识“抄送”，后标全角冒号；回行时与冒号后的机关名称对齐，在最后一个抄送机关后标句号。如果主送机关移至主题词之下，标识方法同抄送机关。

2．印发机关与印发日期

位于抄送机关之下（无抄送机关，在“主题词”之下），占 1 行位置；用 3 号仿宋体字。印发机关左空 1 字，印发时间右空 1 字。印发时间以公文付印的日期为准，用阿拉伯数码标识年、月、日全称。

3．版记反线

版记中各要素下均加一条反线，宽度和版心一样（156 mm）。

公文用纸一般采用国际标准 A4 型（210 mm × 297 mm），左侧装订。

政府行政公文的样式：

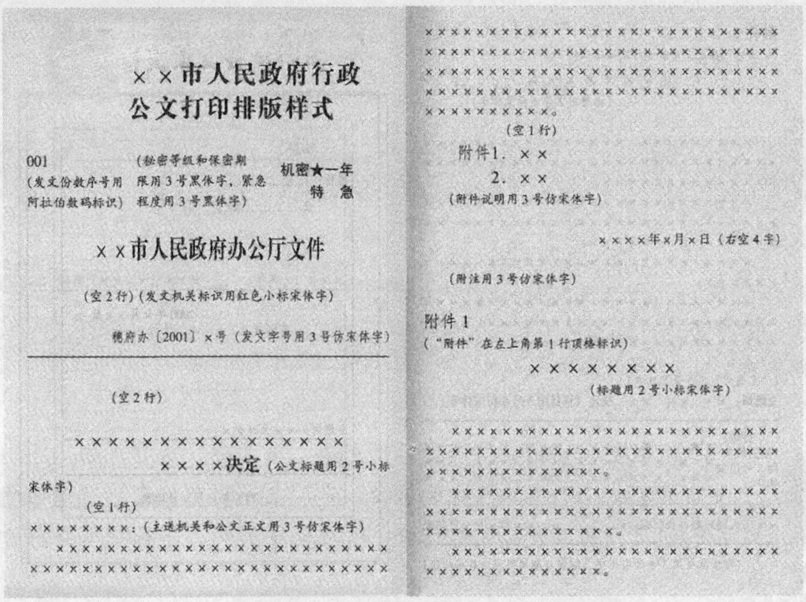
× × 市人民政府行政
公文打印排版样式

001
（发文份数序号用阿拉伯数码标识）
（秘密等级和保密期限用 3 号黑体字，紧急程度用 3 号黑体字）
机密★一年
特　急

× × 市人民政府办公厅文件

（空 2 行）（发文机关标识用红色小标宋体字）

穗府办〔2001〕× 号（发文字号用 3 号仿宋体字）

（空 2 行）

× × × × × × × × × × × × × × × ×
× × × × 决定（公文标题用 2 号小标宋体字）

（空 1 行）

× × × × × × × ：（主送机关和公文正文用 3 号仿宋体字）

× ×
× ×

× ×
× ×
× ×
× ×
× × × × × × × × × ×。

（空 1 行）

附件 1．× ×
　　2．× ×
（附件说明用 3 号仿宋体字）

× × × × 年 × 月 × 日（右空 4 字）

（附注用 3 号仿宋体字）

附件 1
（“附件”在左上角第 1 行顶格标识）

× × × × × × × ×
（标题用 2 号小标宋体字）

× ×
× ×
× × × × × × × × × × × × ×。
× ×
× ×
× × × × × × × × × × × × ×。
× ×
× × × × × × × × × × × × ×。

拓展训练

- 思考行政公文有哪些类别？行政公文的规范样式是怎样的？
- 为某行政机关拟写一份公文。

任务二　起 草 通 知

学习目标

在掌握通知的内容和格式的基础上，能够为部门起草通知。

任务导入

为学校或实习部门拟写一份通知，要求内容完整，格式规范。

范文阅读

××市人民政府办公厅
关于切实做好2012中国（××城市）国际
云计算博览会筹备工作的通知

各区县（自治县）人民政府，市政府有关部门，有关单位：

为了更好地加强云计算领域的交流与合作，把握世界云计算产业发展方向和趋势，展示国内外最新成果和示范应用，加快推进云计算产业发展，促进我市尽快建成亚洲最大的笔记本电脑基地和国内最大离岸数据处理中心，助推“云端计划”建设进程，我市将举办“2012中国（××城）国际云计算博览会”（以下简称云博会）。为切实抓好云博会的各项筹备工作，经市政府同意，现将有关事项通知如下：

一、时间

2012年3月22—24日。

二、地点

国际会展中心。

三、主题

云联世界·感知未来。

四、举办单位

主办单位：市人民政府。

承办单位：市经济信息委、市发展改革委、市科委、市商委、市贸促会。

协办单位：中国电子学会、中国软件行业协会、中国电子商务协会、中国电子工业标准化技术协会、美国计算机行业协会、台湾电电公会、台北电脑公会、中国技术交易所、韩国仁川市政府、加拿大高新科技三角洲经济发展署。

五、组织机构

成立2012中国（××城市）国际云计算博览会组委会。

主　任：×××

副主任：×××

秘书长：×××

成员单位：市经济信息委、市发展改革委、市科委、市教委、市公安局、市城乡建委、市交委、市商委、市政委、市政府新闻办、市工商局、市质监局、市贸促会、市接待办、市通信管理局。

六、展会内容

云博会展出面积约15 000平方米，设云区、端区、通信网络区、应用体验区和综合展区等五个展区。邀请国内外知名企业、产业园区、产业基础雄厚的省（区、市），利用实物、演示、图片、资料等多种形式展示云计算领域的最新技术、产品及产业发展状况。同期举办“云计算高峰论坛”、对接洽谈等系列主题活动。

七、工作要求

（一）各区县（自治县）人民政府、市政府有关部门、有关单位要高度重视，把参加云博会列入本地区、部门、单位优化产业结构、转变发展方式、扩大招商引资、推动产业升级的重要内容，确定专人负责组织相关单位参展参会。

（二）组委会成员单位要积极组织、邀请国内外商（协）会、投资机构、世界500强企业、国内知名企业、专家学者及有关专业人士参展参会并开展经贸洽谈、商务考察等活动；根据职责分工开展有关筹备工作。组委会成员单位职责分工详见附件。

八、联系方式

组委会办公室。

联系人：×××，电话：××××××××，传真：××××××××。

二〇一一年十一月二十四日（印章）

必需知识

一、什么是通知

《国家行政机关公文处理办法》中对通知的定义是：适用于批转下级机关的公文、转发上级机关和不相隶属机关的公文、转达要求下级机关办理和需要有关单位知道或执行的事项，任免人员。

通知的适用范围很广，主要表现在以下5个方面：

（1）批转下级机关的公文。

（2）转发上级机关和不相隶属机关的公文。

（3）传达要求下级机关受理的事项。

（4）传达需要有关单位周知或执行的事项。

（5）任免人员。

二、通知的特点

（1）功能的多样性。

（2）运用的广泛性。

（3）使用的频繁性。

（4）一定的指导性。

（5）较强的时效性。

三、通知的种类

根据通知的作用，一般分为以下几类：

（一）批示性通知

此类通知分为“批转通知”和“转发通知”两种。

（1）批转通知。是上级机关批转下级机关，要求有关单位执行或参照执行的通知。这类通知特点是“批”，要求对批转文件有批示，即对此通知做出意见或评价，例如“同意”“原则同意”“很好”等，并要求有关单位“请遵照执行”“请参照执行”“请认真研究执行”“请紧密结合本单位实际，认真研究执行”。

（2）转发通知。是转发上级机关、同级机关和不相隶属机关的通知。这类通知特点是“转”，是下级机关对上级机关文件的转发，因而转发机关无权对通知做批示，但可以要求下级机关执行或参考。

（二）指示性通知

指示性通知是指上级机关对下级机关就某项事情有所指示和安排，主要是向下级单位部署工作、交代任务、安排活动等，不便使用命令、指示、决定等文种，因此使用通知行文。

（三）颁发性通知

除重要的法律法规性文件用命令颁发外，多数法规和规章性文件，例如条例、规定、办法、细则、实施方案等，都适合通知。

（四）告知性通知

转达要求各方面周知的事项，例如通知会议、知照设置或撤销机构、启用印章、地址变迁、更换作息时间等。

（五）任免性通知

是在机关或系统内部，用于任免和聘用干部的通知一般用通知传达给有关部门和群众。

（六）会议通知

这是一种常见的通知，既可用于下行，也可用于平行，一般包括以下内容：会议的时间、地点和名称；会议的中心议题和主要内容；对与会人员身份和会前准备的要求；应到时间、地点及联络人；其他需要说明的事项。

四、通知的格式与写法

通知格式包含标题、主送机关、正文、落款、日期等因素。

（一）标题

主要有两种写法：第一种是发文机关+事由+文种，例如：《国务院关于加强城市绿化建设的通知》；第二种是事由和文种两个因素构成，例如：《关于印发（规范土地租赁若干意见）的通知》。作为文件发出的通知，一般不单用“通知”二字。如果发文范围很小，内容也简单，即使张贴也可以，就只用“通知”二字。

转发、颁发的标题稍微有点变化，包含以下具体情况：

（1）在事由中，出现“批转”“转发”或“印发”等关键性字眼，例如：《国务院批转发展改革委关于2009年深化经济体制改革工作意见的通知》；转发通知的标题中，只许保留“关于”与“通知”，以保证标题的简明扼要，例如：《国务院办公厅转发教育部等部门关于<教育部直属师范大学师范生免费教育实施办法>（试行）的通知》。

（2）如果是多层转发，就要省去中间桥梁单位的转发，直接写本机关转发发文机关的文件就行了。例如“××市旅游事业管理局转发《劳动部、财政部、全国总工会关于适当提高城镇职工生活困难补助费标准》的通知”。

（3）如果转发的公文是几个单位联合行文，可保留主办机关名称，后加“等单位”或“等部门”字样。例如“××市旅游事业管理局转发《劳动部等部门关于适当提高城镇职工生活困难补助费标准》的通知”。

（二）主送机关

通知的发文对象比较宽泛，因此，主送单位较多。下行通知一般有多个主送机关，并且常用通称，例如国务院下发通知多用“各省、自治区、直辖市人民政府、国务院各部位、各直属机关”。平行通知要写出主送单位的具体名称。

（三）正文

通知的正文主要包括：原由、事项、要求三部分。通知类别不同，其写法也有一些不同，下面分别介绍几种通知正文的写法：

（1）批示性通知的正文写法。首先对被转公文进行批示，然后交代转发，再提出执行要求或作指示。

（2）指示性通知的正文写法。一般先写发文的原由、背景、依据；再写通知事项，其中或写发布行政法规、规章制度、办法、措施等，或写带有强制性、指挥性、决策性的原则（或指示性意见）、具体工作要求等；最后部分多数使用如“地方各级人民政府”或者“各有关部门”的要求式结尾。

（3）颁发性通知的正文写法。一般比较简单，全文由目的、根据、发布对象、发布决定组成。

（4）告知性通知的正文写法。先写原由、依据，再写告知事项，最后用“特此通知”结尾。

（5）任免通知的正文写法。首先写明任免原因、依据，然后写上任免人员姓名、职务，结尾用“特此通知”即可。

（6）会议通知的正文写法。在通知事项中说明会议时间、地点、内容、准备材料及出席人员等即可。

（四）落款

在电视或电台中发出的通知要用落款，一般的文件形式，可省去落款。

（五）日期

日期指的是成文日期，用汉字小写写明年、月、日。

五、通知的注意事项

（1）不得超越职权范围发文。

（2）不得混淆与事务性文书的区别。例如，有的把向公众告知的“告示”“广告”等写成“通知”。

（3）不得不分上下左右随意乱发通知。

（4）不得混淆与通告的区别。注意通知的对象是机关，通告的对象是公众；通知除了“周知”外，有些需要办理或执行，通告主要是周知和执行。

拓展训练

- 思考不同类别的通知的写法有哪些不同？
- 以北京市教育委员会的名义拟写一份通知，要求向北京各区县教委、各高等学校转发《教育部办公厅关于做好 2009 年普通高等学校招生执法监察工作的通知》（教监厅（2009）2 号）。

任务三　拟 写 请 示

学习目标

在掌握请示的内容和结构的基础上，能够为部门拟写各种请示。

任务导入

为学校中做出突出贡献的人物拟写一份奖励请示，要求内容完整，格式规范。

范文阅读

关于解决分局民警住宿楼的请示

××市公安局：

××分局是一九九二年十二月经省公安厅批准，一九九三年三月由市公安局组建的。自分局组建以来，全分局民警克服种种困难，维护辖区的社会治安，破获了一批有影响的重、特大案件，深受上级领导机关和人民群众的好评。但是，由于分局是一个刚刚组建的单位，一切经费较为紧张，特别是民警的住房问题存在以下问题：

1. 大部分民警家住市区，上、下班较为困难，加之单位地处郊外，交通极不方便。

2. 新增加民警多，大部分没有住房，没有良好的生活、休息环境。

3. 本单位的办公大楼也正在进行之中。

为了提高广大民警的工作积极性，解决他们的后顾之忧，经研究拟建民警住宿楼一幢（面积×× m^2），具体费用来源：

1. 请市局给财政拨款××××××元。

2. 民警自筹资金××××××元。

3. 本工程从×年×月开始动工至×年×月竣工。

以上请示妥否，请审核批示。

二〇〇×年×月×日

必需知识

一、什么是请示

请示是下级机关向上级机关请求对某项工作、问题作出指示，对某事予以审核批准时使用的公文，属于请求性、期复性上行文。

二、请示的特点

（1）时间性。

（2）现实性。

（3）单一性。

（4）期复性。

三、请示的种类

（1）请求指示的请示。是下级机关需要上级机关对原来的政策作出明确解释，对变化的政策进行审查，对出现的一些新情况、新问题作出明确指示。

（2）请求批准的请示。是下级机关就某些具体事情向上级机关请求批准的请示，主要意图是解决某些具体困难问题。

（3）请求批转的请示。此类请示指下级机关就某一涉及面广的事项提出处理意见和办法，而这些建议和办法需要各有关方面协同办理，但按规定下级机关又没有权力指令平级机关或不相隶属部门办理，需上级机关审定后批转执行。

四、请示的写法

请示一般由标题、主送单位、正文、落款和成文日期组成。

1．标题

通常有两种形式，一种是“发文机关+事由+文种”，例如：《进出口公司关于×××问题的请示》；一种是“事由+文种”，例如：《关于购买大型设备的请示》。

2．主送机关

只能有一个主送单位，不能多头请示，以免造成混乱。

3．正文

请示正文分开头、主体、结尾三个层次写：开头，写请示的缘由，要写具体；主体，写请示的事项，要写明确；结尾，常用的有“当否，请批示”“妥否，请批复”“以上请示请审批”等。

4．落款

如果是单独行文，可以省略。

5．成文日期

使用汉字小写数字完整书写年、月、日。

格式：

关于×××的请示

主送单位名称：

请示缘由+请示事项。

结尾（当否，请批示）。

××××年×月×日

拓展训练

- 思考请示的不同类别及写作的规范格式。
- 学校为发展需要建设一座游泳池，请你替学校向上级有关部门写一则请示，注意格式规范。

任务四　拟 写 报 告

学习目标

在掌握报告的内容和结构的基础上，能够为部门拟写各种报告。

任务导入

就身边出现的新情况，向上级部门写一份情况报告，要求内容完整，格式规范。

范文阅读

关于公安部打击非法出入境专项行动先进集体先进个人的报告

部六局：

为贯彻国务院、公安部维护边境稳定和反偷渡工作会议精神，落实部六局部署的以“破大案、抓蛇头、断线路”为主要内容的“捕蛇”行动和以清理非法入境朝鲜人为重点的“秋风”行动，部局工作会议结束后，我总站根据部局行动方案，结合××机场和××西客站的实际情况，及时制定了《××总站打击非法出入境专项行动工作方案》，进行了周密安排。五个月来，在部专项行动指挥部、部局党委、部局专项办的正确指挥和领导下，我总站全体民警和职工发扬不怕苦、不怕累、连续作战的作风，通力合作，共查处非法出入境案件316起510人次，审查境外遣返案件423起1 258人次，抓获蛇头、带工37人次，并成功破获了一批有影响的大案、要案，多次受到各级领导的表扬和奖励，涌现出了一批打击非法出入境活动的先进集体和个人。根据部局专项办《关于评选打击非法出入境活动的先进集体、先进个人的通知》，我总站经过认真评选和研究，报请下列集体和个人参加公安部打击非法出入境专项行动先进集体、先进个人的评选：

一、先进集体（略）

二、先进个人（略）

三、宣传报道先进个人（略）

特此报告

××××年×月×日

必需知识

一、什么是报告

报告是向上级机关汇报工作、反映情况、答复咨询、上报备案、报送材料等使用的公文，是陈述性、呈报性上行文。

二、报告的特点

（1）汇报性。

（2）沟通性。

（3）陈述性。

三、报告的分类

（1）工作报告。凡是用来向上级机关反映工作的报告，就是工作报告，可分为综合性报告和专题性报告。用于汇报全面或几个方面的工作的报告是综合性报告，用于汇报某项工作或某一情况的报告是专题性报告。

（2）情况报告。如果本单位出现了正常工作秩序以外的情况，出现了意想不到的问题，对工作产生了某些影响，以及出现了新情况、新事物、新风气等，都要原原本本地向上级单位汇报，这就是情况报告。

（3）答复报告。是答复上级机关询问的报告。

（4）报送报告。是向上级机关报送文件、物件时使用的报告。

四、报告的写法

一般由标题、主送机关、正文、落款、成文日期等组成。

1．标题

报告的标题主要有两种写法：一种是“发文机关+主要内容+文种”的写法，例如《中共中央纪律检查委员会关于清理党政干部违纪违法建私房和用公款装修住房的报告》；一种是“主要内容+文种”的写法，例如《关于进一步加强我市公共场所防火工作的报告》。

2．主送机关

报告是上行文，只有一个主送机关；如果需要向其他的上级机关审阅，可以抄送。

3．正文

一般由导语、主体和结尾三部分组成。

（1）导语，主要交代报告的缘由、依据、目的、意义等。要概括说明全文主旨，开门见山。

（2）主体，是报告的具体内容部分。作为正文的核心，将工作的主要情况、主要做法、取得的经验、效果等，要分段加以表述，要以数据和材料说话，要层次分明，条理清晰。

（3）结尾，写工作上存在的问题，提出下步工作具体意见。最后可写“请审阅”或“特此报告”作结语。

4．落款

如果是单一机关行文，可省略。

5．成文日期

使用汉字小写数字写作全称年、月、日。

几种不同报告正文的格式：

1．综合性报告

开头：交代报告的原因、目的等，也有的介绍内容。

主体：陈述报告的具体内容，一般采用横式结构列项分条或采用小标题写。例如：

（1）全面详细地总结各方面成绩。

① ……

② ……

③ ……

（2）指出工作中的问题。

① ……

② ……

③ ……

（3）提出今后的工作设想和努力方向。

结语常用“特此报告”“以上报告如有不妥，请指示”或“请予审阅”等惯用语结束。

2. 专项工作报告

引言：交代工作来由、组织情况及总的组织效果。

主体，陈述具体的做法和结果，一般也分条列项写。例如：

（1）……

（2）……

（3）……

结语也是使用“特此报告”等惯用语。

3. 情况报告

开头，简述情况的出现。

主体，陈述具体情况，一般是分部分或小标题写。

（1）详细具体地介绍情况

（2）分析情况出现的原因

（3）提出对情况的处理意见或建议。

结语一般用“特此报告”等结束。

4. 答复报告

开头，首先交代上级询问公文收悉，然后就询问的具体事项作答，常用“××××月×日《关于×××的××》（××[××××] ×号）收悉，现将……报告如下：”引出主体。

主体，对上级询问的事项逐条做出具体答复。

结尾用“特此报告”等收尾。

拓展训练

- 思考不同报告类型的不同格式。
- 学校开展的“感恩月”活动在社会上引起极大反响，好评如潮。请你就活动的目的、意义以及具体操作程序拟写一份报告，向上级机关汇报这一事项。

任务五　会议记录与会议纪要写作

学习目标

在掌握会议记录与会议纪要的内容和结构的基础上，能够写作会议记录与会议纪要。

任务导入

为某个会议做一个会议纪要，要求内容完整，格式规范。

范文阅读

一、会议记录范文

××公司办公会议记录

时间：二〇一一年×月×日×时

地点：公司办公楼五楼大会议室

出席人：××× ××× ××× ××× ××× ……

缺席人：××× ××× ××× ……

主持人：公司总经理

记录人：办公室主任刘××

主持人发言：（略）

与会者发言：××× ……

××× ……

散会

主持人：×××（签名）

记录人：×××（签名）

（本会议记录共×页）

二、会议纪要范文

全国城市经济体制改革试点工作座谈会纪要

××××年×月×日至×日，国家体政委在××省××市召开了全国城市经济体制改革试点工作座谈会。三十一个省、自治区、直辖市体政委（办）的负责同志，五十八个试点城市的负责同志，以及中央、国务院有关部门的负责同志共二百多人参加了会议。会上传达学习了中央领导同志最近的重要讲话，交流了试点城市改革的情况和经验，研究了在新形势要积极推进城市经济体制改革进一步开展的工作。

一、统一认识，明确今年改革的方针和主要任务。（略）

二、进一步简政政权，政企分开，搞活企业。（略）

三、充分发挥社会主义市场经济，理顺经济关系。（略）

四、精心指导，保证改革健康发展。（略）

与会同志一致表示，当前改革进入攻坚阶段，我们要坚定地贯彻党中央和国务院的部署，精心组织，精心指导，搞好调查研究，把城市经济体制改革引向深入，为建立有中国特色的社会主义市场经济作出新贡献。

××××年××月××日（印章）

必需知识

一、什么是会议记录与会议纪要

会议过程中，记录人员把会议的组织情况和具体内容记录下来，最后就形成了会议记录。一般分详记与略记，略记记会议大要，详记要求记录的会议项目必须完备，记录的言论必须详细完整。有时还需要笔录、音录和影像录，最后再形成文字。

会议纪要是把会议的情况和结果简要地撰写出来，形成文件。它是记载会议主要精神和议定事项、要求与会单位共同遵守、执行的公文。

二、会议记录格式

一般会议记录的格式有两部分组成：一部分是会议的组织情况，另一部分是会议的内容，要求写明发言、决议、问题。这是会议记录的核心部分。

对于发言的内容，一是详记，尽量记录原话，主要用于比较重要的会议和重要的发言。二是略记，只记录会议要点和中心内容，多用于一般性会议。

会议结束，记录完毕，要另起一行写“散会”二字，例如遇中途休会，要有“休会”字样。

三、会议记录的基本要求及写作技巧

（1）正确写清楚会议名称（要写全称），开会时间、地点，会议性质。

（2）详细记下会议主持人、出席会议应到和实到人数，缺席、迟到或早退人数及其姓名、职务，记录者姓名。

（3）忠实记录会议上的发言和有关动态。会议发言的内容是记录的重点。其他会议动态，也应记录。

（4）会议记录的写作技巧一般有四条：一快、二要、三省、四代。

四、会议纪要的特点

（1）内容的纪实性。

（2）表达的概括性。

（3）作用的指导性。

（4）称谓的特殊性。

五、会议纪要的种类

（一）办公会议纪要

办公会议就是例会，多数是单位的领导班子在每周或每月的固定时间举行会议，记载这一类会议的讨论情况和议定事项的纪要就是办公会议纪要。

（二）工作会议纪要

它是以会议形式形成的决定、决议或者议定事项为主要内容的会议纪要。这种会议纪要的指导性强，会议上确定的工作重点，对工作的步骤、方法和措施的安排，都要求与会单位共同遵守和执行。

（三）专题会议纪要

指的是各种各样的交流会、研讨会、座谈会的纪要。这种纪要，有的起着通报会议内容的作用，让有关人员尽快知道会议基本情况和会议精神；有的具有指导作用，其传达的会议精神，可对有关方面工作予以指导。

六、会议纪要的写法

会议纪要主要由标题、正文、落款三部分组成，和其他公文不同，时间多写在标题下面。

（一）标题

通常由“会议名称+文种”组成，例如“××学校行政工作会议纪要”。有的采用正副标题形式，例如“业务专题会议纪要——“两会”工作专刊第一期”。

（二）正文

正文包括前言、主体、结尾三项内容。

（1）前言。一般概括会议基本情况，包括会议的名称、时间、地点、参加人、主持人、会期、形式等组织情况，主要议题及会议成果等，然后用“现将这次会议讨论的主要问题综述如下：”引出下文。

（2）主体。是会议纪要的核心内容，一般是围绕中心议题，按主次、有重点地写出主要反映会议情况和会议结果，包括会议的基本精神，特别是会议形成的决定、决议。

主体写法一般有三种：

条项式，就是把会议讨论的问题和议定事项，分条一项项写作。这样条理清晰，内容清楚。

概述式，就是把会议讨论的问题和议定事项，进行概括综合，分几部分写作。这类写法容易突出重点，主次分明。

摘录式，就是把会议中精彩的、具有代表性的发言要点记录下来，按发言顺序或内容性质先后写作。

（3）结尾。是会议纪要的结束语，一般写对收文单位的希望和要求，有的会议纪要没有结尾部分。

（三）落款

落款包括署名和时间两项内容。署名只用于办公室会议纪要，召开会议的领导机关的名称要全称，成文的年、月、日写在署名之下，加盖公章。一般会议纪要不署名，只写成文时间，加盖公章。

七、写作会议纪要的注意事项

（1）掌握会议的全部情况。写作会议纪要要参加会议全过程，掌握会议的所有文件材料，把握会议精神，如实反映，不得随意取舍，不得以偏概全。

（2）要突出会议主题。会议纪要是会议结果的反映，不能照抄会议记录，要突出重点，扼要反映会议精神和重点。

（3）要具备一定的分析、概括和总结能力，文字要简洁明快。

（4）切忌写成会议记录。二者之间有两种不同：一，性质不同。会议记录是讨论发言的实录，属于事务文书；会议纪要只记要点，是法定行政公文。二，功能不同。会议记录一般不公开，只作存档使用；会议纪要通常要在一定范围内公开或传阅，要求贯彻执行。

拓展训练

- 思考会议纪要的主要特点是什么？它与会议记录有何区别？
- 参加某学术座谈会，之后写出此次会议的会议纪要。

第三单元 求职文书

求职文书是求职者为获得某个工作岗位而向用人单位投递的一类应用文书，包括求职信、个人简历、竞聘词、推荐表等。求职文书是联系求职者与用人单位的重要媒介，对用人单位和求职者都非常必要。一份高质量的求职文书可以大大提高求职者就业就职的机会，可以说它是求职者获得理想工作的敲门砖。在这里，主要介绍求职信、简历、竞聘词等较常用文种。

任务一 求职信写作

学习目标

在掌握求职信的内容、结构和写法的基础上，能够为自己拟写一封求职信。

任务导入

设想自己即将毕业，根据自己的实际情况和大学阶段的整体规划，合理构想自己的择业目标，写一封毕业求职信。

范文阅读

求 职 信

尊敬的××公司领导：

首先，为我的冒昧打扰向您表示真诚的歉意。在即将毕业之际，我怀着对贵公司的无比信任与仰慕，斗胆投石问路，希望能成为贵公司的一员，为贵公司服务。

我是××职业技术学院计算机软件专业 2002 级学生，将于今年 7 月毕业。在大学学习期间，我努力学习各门基础课和专业课，并取得了良好的成绩（见附表），英语已通过六级考试（见附件）。本人不仅能熟练掌握学校所教课程的有关知识（Ⅶ程序设计、AutoCAD R14、FrontPage 98、FoxPro 2.5、C 语言等），而且还自学了 PhotoShop 5.0、3ds Max 2.5、Visual FoxPro 等，专业能力强，曾获学校计算机软件设计比赛一等奖。

作为新世纪的大学生，我非常注意各方面能力的培养，积极参加社会实践，曾在平安保险做过业务员，在肯德基做过星级训练员，还在龙腾信息有限公司做过网络技师。爱好广泛，有责任感，能吃苦耐劳。

本人期盼能成为贵公司的一员，从事计算机服务等工作。诚然我尚缺乏丰富的工作经验，如果贵公司能给我机会，我会用我的热情、勤奋来弥补，用我的知识、能力来回报贵公司的赏识。

盼望您能给我一次面试的机会。随信附上简历、英语等级证书、获奖证书等。

此致

敬礼

求职者：×× 敬上

二○○六年四月五日

联系地址：××职业技术学院计算机系软件专业 02 级 1 班（邮编：××××××）

电　　话：××××××××

必需知识

一、什么是求职信

求职信，也称自荐信，是求职者为获得某种职位而向用人单位介绍自己的专用书信。求职信是连接求职者和用人单位的纽带。它能使求职者充分展示自己，使用人单位较快的了解求职者的基本情况，有利于促进双方的交流，从而促进人才资源的合理流动。

二、求职信的特点

（一）针对性

求职者在信中应当针对求职单位的实际情况和求职岗位的特点来强调自己与之匹配的强项。切忌面面俱到，要舍弃与求职岗位不相关的内容，避免喧宾夺主。

（二）自荐性

求职信要善于恰当地推销自己，要强调自己的成绩、能力和优点，以吸引用人单位。同时要讲究技巧，既不可过分渲染，夸大其词，也不能过分谦虚。否则，可能会让你和心仪的单位和岗位失之交臂。

（三）独特性

求职信要立意新颖，语言独特，不拘俗套，富有个性，以引起用人单位的注意，激发其兴趣，最终使求职者在竞争中取胜。

三、求职信的结构和写法

求职信的结构主要有标题、称谓、正文、署名、成文时间几部分。

（一）标题

通常居中写“求职信”或“自荐信”或“应聘信”三个字，有时也可不写标题。

（二）称谓（对收信者的称呼）

称谓一般顶格写在求职信标题的下一行。可以写对方单位名称或收信人的职务头衔，在称谓后写冒号。例如：“尊敬的××公司人事部：”、“尊敬的××公司李总经理：”等。

求职信不同于一般私人书信，双方未曾谋面，所以称谓要礼貌得体，郑重其事。

（三）正文

正文一般包括以下几方面内容：

（1）问候语。常用“您好!”、“感谢您在百忙之中来看我的材料”等开头。

（2）写求职缘由、求职意向。求职缘由包括对用人单位性质、岗位特点的认识和其他理由。如果不知道对方是否正在招聘员工，则应写明对该单位的印象，以表明自己愿意到该单位的态度。求职意向是说明应聘什么单位的什么岗位，使双方对此都有明确的认识和定位。这部分的表述要简明准确，态度诚恳。

（3）介绍求职者的基本情况。主要介绍求职者的专业优势、工作能力和爱好特长等。要针对用人单位和应聘岗位的特点，重点突出与之相对应的主要成绩、经验和优势，多角度、多层次、多方位地展现自己的软、硬件，使用人单位相信求职者有能力胜任此项工作。要注意的是，所述内容应力求真实，否则可能弄巧成拙。

（4）向用人单位提出希望和请求，表明求职者想得到这份工作的迫切愿望。例如：“倾我所学，为您所用，等待您的答复”、“我非常愿意并渴望到贵厂工作，并愿为贵厂的兴旺发达贡献自己的知识与才华”、“希望您能为我安排一个与您见面的机会”或或“敬候佳音”之类的语言。这部分内容要简明扼要，客观实际，不苛求对方。

（5）结尾。向招聘人员表示感谢、祝福或敬意。例如：分两行写“此致 敬礼”或“祝 工作顺利”等，不加标点符号。

（四）署名和日期

在正文右下方写明求职者姓名和成文日期。成文日期要年、月、日俱全。

另外，为方便对方回复，最好写上自己的详细通信地址、邮政编码以及电话、电子信箱等联系方式。

（五）附件

附件是附在求职信后用以证明或补充求职者具体情况的相关材料。附件可以包括毕业证书、学历证书、个人简历、在校所学课程、成绩表、各种获奖证书或等级认定证书、发表的文章、专家或单位提供的推荐信或证明材料等。附件不仅让对方对求职者有了具体的感性认识，还可增加用人单位对求职者的信任。附件不需太多，但必须有份量，足以证明你的才华和能力。

四、求职信的写作要求

（一）实事求是，目标明确

求职者要结合社会需求和自己的实际情况来确定合理、明确的求职目标，才能使求职信有的放矢，提高成功率。求职信是自己向用人单位推荐自己的文书，用人单位将根据求职信的内容来了解和衡量求职者。因此，实事求是地表明自己的才能、特长，是对自己负责，也是对用人单位负责。

（二）简明扼要，重点突出

求职信力求简明扼要，能够让招聘人员比较迅速地看完，不会产生厌倦感。同时要重点突出求职者与求职单位的实际情况及求职岗位的特点相匹配的强项。切忌面面俱到，要舍弃与求职岗位不相关的内容，避免喧宾夺主。

（三）礼貌得体，态度诚恳

写求职信的目的是希望用人单位能够聘用自己，所以，在撰写求职信时态度要热切而诚恳，同时要谦虚适度，不卑不亢，让对方感觉亲切、自然。求职者切不可狂妄自大，也不用过分谦虚。

（四）版面美观，文字通顺

求职信版面美观、文字通顺不仅能让招聘人员心情舒畅，引起注意，同时还能向招聘人员传递求职者的工作态度、精神状况、性格特征等，从而使求职者在同等条件的竞争者中脱颖而出。

拓展训练

简析下列求职信存在的问题：

求　职　信

尊敬的单位领导：

您们好！

首先感谢您在百忙之中抽空翻阅我的简历，我相信你一定不会徒劳无功！因为您遇上了我——××学院的一名优秀学生：×××

在校所学专业是：计算机应用并自修剑桥大学商务英语（已过初级）。操作比较熟练的软件有：Office 系列、AutoCAD、Photoshop。

应聘优势有：诚实可靠、有上进心、对工作任劳任怨、有较强的文字功底和组织能力。本人曾在校担任文学社社长、演讲协会会长、《校园短波》总策划兼节目主持人、班上副班长、学习委员、宣传委员。参加过湖南省第一届高职生实用英语口语大赛以及学院组织的各种演讲、朗诵、写作、英语口语比赛并获奖。在院报上面发表了《我自豪，我是一名高职生》和《两个问号》的文章。而且还在 2009、2010 年暑假分别办了两个初中生英语培训班，教了近 60 名学生（附照片）。曾经做过近一年的家教。

在校一直坚信的格言是：“莲出淤泥而不染”。

毕业后坚信的格言是：“没有任何借口”。

关于这份求职信我想说的是：说的都是实话，但您必须给我机会您才能证实。

此致

敬礼

一名优秀的应聘者：×××

2011 年 4 月 2 日

任务二　制作个人简历

学习目标

在掌握个人简历的内容、结构和写法的基础上，能够拟写个人简历。

任务导入

设想自己即将毕业，根据自己的实际情况和大学阶段的整体规划，合理构想自己的择业目标，拟写一份毕业求职简历。要求简历内容和任务一中拟写的求职信内容统一，构成一份完整的求职材料。

必需知识

一、什么是个人简历

一般地说，个人简历就是个人的履历，即从小到大的主要经历。这里所说的个人简历专指求职简历。

个人简历是求职者概括介绍自己的基本情况、学习及工作经历、能力经验、优点特长和求职意向等信息的文书。

二、个人简历的内容

从格式上来说，个人简历的写作比较灵活，可以采用表格式、条文式或其他形式，根据个人需要灵活选择。不论哪种格式的个人简历，通常都包含以下内容：

（一）个人基本信息

这部分内容一般写在简历的第一部分，主要包括姓名、电话号码、电子邮箱、地址邮编等，便于用人单位随时与求职者取得联系。在国内单位求职的话，还要加上性别、籍贯、民族、政治面貌、出生日期、毕业院校、所学专业等内容。

（二）求职意向

求职意向即求职目标、求职岗位。求职意向是个人简历的核心，其他内容都要围绕求职意向来写。这部分内容一般写在简历的第二部分，位置显著，便于招聘人员迅速判断求职意向是否与招聘岗位吻合。

一般情况下，一份个人简历只写一个求职意向，而且要简洁、明确、具体。如果有多个求职意向，最好针对不同的用人单位和岗位来撰写不同的简历。

（三）专业技能

这部分内容主要是针对求职岗位所做的自我条件总述，包括学历资格、专业证书资格、工作经历资格以及相关能力等方面的介绍。

（四）教育背景

这部分主要简述求职者受教育的经历，一般从大中专阶段写起。分条列项地写明起止时间、毕业院校、所学专业、所获学位等。如果有继续教育的经历（培训、进修等）也可按照上述方式体现出来。

（五）社会实践或工作经历

非应届毕业生要在简历中交代一下自己的工作经历，按照时间倒序排列，由最新的工作经历写起。包括：任职时间、工作单位、岗位或职务、职责、业绩（收获）等。

应届毕业生在这一部分主要介绍自己在求学阶段参与的校内外的实践活动和实习经历，写作方法同工作经历。如果参加的社会实践活动较多，则要根据求职岗位的需求做出取舍，强调与求职岗位相关的实践活动即可，以便使招聘人员迅速获取重要信息。

（六）获奖情况

按照时间倒序排列，介绍求职者在生活、工作、学习中获得的与求职岗位相关的重要荣誉和奖励。

（七）其他

有些简历在这一部分加上“自我评价”、“性格、爱好、特长”或其他求职者认为有必要补充的内容。

拓展训练

将下面简历改成表格式，并精化内容，调整结构，使之更完善。

个 人 简 历

◆个人概况

姓 名：×× 性 别：女 学 历：本科 专 业：广告学

出生日期：1983 年 7 月 1 日

手机：1361482××××（外地手机，人在北京） 宅 电：0943-822×××××

E-mail：×××32@163.com

◆教育背景

时间：2003 年 9 月—2007 年 7 月

专业：广告学（偏向管理，策划，市场）

学校：内蒙古科技大学文学院广告系

学位：文学学士

◆所获成绩

2003 年 10 月 军训优秀标兵

2003 年 10 月 内蒙古科技大学迎新生晚会主持人

2003 年 11 月 校刊发表文章 9 篇

2004 年 7 月 内蒙古科技大学“三下乡”优秀个人

2004 年 12 月 英语学院的圣诞晚会上首次自编，自导，配合演出了英文话剧《白雪公主》

2005 年 11 月 内蒙古科技大学文学院包装大赛中获得 全场大奖和最佳创意奖，作品主题：城市感动。爱心传递（公益类型）

2005 年 12 月 学校一等奖学金

2005 年 12 月 文学院学生会外联部部长 优秀学生干部

2005 年 2 月 CET-4 考试顺利通过 2005 年 3 月 全国大学生金犊奖大赛中 2 个系列作品获得入闱奖：感恩心之习惯篇《毛巾篇》、《牙刷篇》，感恩心之《风》、《雨》、《雪》篇

2006 年 3 月 学习一等奖学金 社会实践二等奖学金

2006 年 7 月 世界旅游小姐大赛前十佳

2006年12月 学习一等奖学金　社会实践一等奖学金

◆工作经历

2004年7月

暑假实践：内蒙古科技大学大学生三下乡活动

服务地点：蒙古巴蒙灯塔村希望小学

任　　务：义务支教，科普知识宣传员

2005年7月

暑假实践　内蒙古包头市大自然旅行社跟团导游

带团地点：九寨沟　西安　北京

9月-11月　包头市广播电台105.9波段　节目策划兼天天美食栏目实习主持，旅游节目频道实习外景记者

2005年期间曾以导游的身份带领老师和学生参加十一届中国（西安）广告节，并带领部分老师进行西安市的景点游览。

2005年为包头市中国康辉旅行社，大自然旅行社作过详细的学生绿色出行方案的市场调查和市场开发策划书

2006年6月

内蒙古包头市伊利乳业责任有限公司

市场调查员兼产品形象促销人员　（在活动结束期间曾就活动中的问题向负责人提出一些可行的解决方案）

2006年8月

包头市天使之城旅游文化公司

实习节目行程策划　　国际旅游小姐大赛参赛选手

◆自我介绍

个人理念：优秀是一种习惯

个人口号：心在那里，财富就在那里

个人评价：一个拥有积极向上的生活态度和责任感很强的女孩。

◆求职意向

应聘职位：策划　主持　编辑　文案　记者　旅游外景记者。并敢于挑战新的工作岗位

◆结语：

我明白大学四年的学习只是教会学生怎样去获得一种习得和如何对待生活的态度。我也明白当我走出校门的时候，我依然有很多不懂的地方。但我很庆幸自己大学四年没有白白度过。我愿意以一个好的心态去充满激情的工作。

任务三　竞聘词写作

学习目标

在掌握竞聘词的内容、结构和写法的基础上，能够拟写竞聘词。

任务导入

请为自己拟写一份理想岗位的竞聘词。

范文阅读

学生会主席竞职演讲

尊敬的评委、老师、亲爱的同学们：

大家晚上好！

首先，对大家给我一次充分展示的机会，表示衷心感谢。

我是来自2000届经管一班的学生，名叫×××，今天来竞选的职位是我院学生会的把门人——主席。在我担任学生干部以来，积极配合院学生会工作的同时，曾多次成功组织过我院大型文艺活动，这培养了我较强的办事能力和组织协调能力及驾驭复杂局面和把握大局的应变能力。同时，勤学苦干、适应性强的个性与广大同学间的友好关系，这也正是我的优势所在。而所有这些正是造就一个出色的学生会主席所需要的，我深信，一切真知的产生都是来源于成功的实践，我所拥有的正是学生会主席所需要的，学生会主席所需要的正是我所拥有的。

另外，在我对本次竞选怀有热情、自信和希望的同时，我想，最现实、最实际的还是我个人对未来开展工作的几点想法。

首先，由于我院人数众多，居住分散，作为学生干部应深入群体，收集信息，反馈信息，及时把握学生的最新思想动态，确保学生安全。

其次，把握全局，加强学生会团队建设，树立一个良好的组织形象，接受广大同学的监督，处事做到团结一致，同舟共济。

同时，加强与兄弟院系，乃至与社会组织上的交流，以便探索社会活动新思想、新理念，营造一个最佳学习氛围，促进我院学生会工作的顺利开展。

最后，我以为，时代以奉献为荣，进步以参与为尚，生活在于主动，生活在于投入。相信只要给我一个机会，我将一定做到人尽其才，才尽其力，还大家一个出色的学生会。

谢谢大家。

竞聘人：×××

××××年××月××日

必需知识

一、什么是竞聘词

竞聘词，又叫竞聘演讲词、竞聘演讲稿。是竞聘者为了竞聘某一岗位，在特定场合面对特定的听众所发表的用来阐述自己的竞聘优势及被聘用后的工作设想的演讲稿.

二、竞聘词的特点

（一）竞争性

这是竞聘词最突出的特点。竞聘词相对于其他的求职文书而言，竞争性更强。竞聘者之间所比的已不是具不具备岗位条件，而是谁的条件更为突出、更有优势，谁的工作思路最清晰，最切实可行。

（二）针对性

竞聘词是针对某一具体的岗位而写的竞聘讲稿，目标明确。竞聘词要紧紧围绕这个目标来展示自己各方面的优势，要针对该岗位阐述自己的认识以及竞聘成功后的系统、科学的工作思路。

（三）演说性

竞聘词是演讲底本，最后要面对听众，通过有声语言表达出来。因此，竞聘书要逻辑清晰、条理清楚、主次分明，语言表达上既要生动有文采，又要通俗易懂。

（四）个性化

竞聘者要充分展示个人的特点、优势，突出自己对所竞聘岗位的独到的认识以及不同于其他竞聘者的实用、可行的聘后工作设想。这能增强自己的竞争优势，也是竞聘词个性化的体现。

三、竞聘词的结构和写法

竞聘词的结构一般包括标题、称谓、正文、落款（演讲时省略）。

（一）标题

竞聘词的标题有单行和双行两种形式。

单行标题或是点明文种，例如：《竞聘词》；或是点明内容范围，例如：《关于竞聘××公司经理的演讲词》、《竞聘会计主管演讲词》；或是点明主题，例如：《老老实实做人 明明白白做事》。

双行标题的主标题一般是点明主题，副标题点明竞聘的岗位，例如：《实实在在做事——竞聘办公室主任的演讲词》。

（二）称谓

即对评委和听众的称呼。一般用“尊敬的各位领导”、“各位评委”等，可视具体情况灵活变动，但不宜称“女士们”、“先生们”。

（三）正文

由于要考虑多种临场因素和竞争对手因素，竞聘词的结构可以灵活多样，但是其正文的基本内容一般包括下列内容：

1. 问候语

一般为“大家好”、“上午好”之类即可。

2. 开头

简介竞聘者的基本情况和竞聘的岗位名称，应简洁明确，干净利落。这部分也可附加其他内容，例如：扼要阐述竞选意义、表明竞选态度、感谢给予机会等内容。

3. 主体

一般包括三部分内容：竞聘优势、对岗位职责的认识和聘后工作设想。

（1）阐述竞聘优势。针对竞聘岗位有选择地展示自己的思想素质、专业素质、业务能力、工作经验或经历、已有业绩及其他诸如年龄、健康、性格、特长等的条件。尽量用事实说话，以表明自己能完全胜任竞聘岗位，赢得评委和听众的认可。

（2）阐述自己对岗位职责的认识。在竞聘前要通过调查研究了解竞聘岗位的情况，认真分析，为下一步确定聘后工作设想打下基础，以做到有的放矢。

（3）阐述聘后工作设想。在对竞聘岗位的职责认真分析、把握之后，清晰地阐明自己任职后的工作目标、工作态度和具体措施，以及如何保证自己工作设想的实现等。这是整篇竞聘词的重点和难点，应具体翔实，切实可行。

4. 结尾

简明扼要地表明自己竞聘的信心、对竞聘成败的正确态度，请求评委和听众的支持，表达对评委和听众的谢意等。这几方面的内容不用面面俱到，可以根据实际需要进行取舍。

（四）落款

包括署名和日期，格式同一般书信。现场演讲时省略落款。

拓展训练

指出下列竞聘词的优缺点，并修改完善。

竞　聘　词

各位评委、各位同事：

大家好！

善抓机遇，敢迎挑战是现代人应有的素质和精神，参与改革，与行同步，与时俱进是建行每位员工的责任。时代要求和责任使命使我今天站在了这里。

我××年毕业于××银行学校，××年取得本科学历，系统的学习奠定了我坚实的理论基础。

八年人民银行会计，三年信托公司财务会计，五年银行储蓄，使我积累了丰富的工作经验，练就了过硬全面的业务技能。

几十次业务比赛奖励，一次一次被评为“先进工作者”，尤其是省人民银行业务全能比赛能手级证书和××市“金融女标兵”荣誉证书的获取证明了我的工作能力和职业道德。

所有这些带给我自信，增添我勇气。

分理处副主任岗位，权利不大责任重，任务具体又繁杂。做好这一岗位需要有高度的事业心和责任心，具体要做好五个字：细、勤、灵、严、和。细：细致周全；勤：勤勤恳恳；灵：灵活机敏；严：严守制度；和：团队协作。

如果我竞聘成功，我的工作思路是：

一、进一步提高效率，优化服务，留住顾客。

二、协助主任，强化公关宣传，增加顾客。

三、融洽上下，搞好协作，构筑团队。

四、善于学习，积极探索，创新提高。

谢谢！

×××

××××年××月××日

第四单元 礼仪文书

礼仪文书是指国家、机关、团体、企事业单位和个人在社会交往中，为了表示相互尊重用来调整、改善或发展双方关系的文书。它内容丰富，种类繁多，常用的是有欢迎词、欢送词、祝词、开幕词、闭幕词、请柬、贺词、慰问信等。

任务一　欢迎词写作

学习目标

在掌握欢迎词的内容、结构和写法的基础上，能够拟写欢迎词。

任务导入

新同学即将到校，请代表老同学为新生的到来写一篇欢迎词。

范文阅读

在第二十六届世界大学生运动会开幕式欢迎宴会上的致辞

（2011年8月12日，深圳）

中华人民共和国主席　胡锦涛

尊敬的基里安主席，

尊敬的各位国家元首、政府首脑，

尊敬的各位国际大体联执委会委员，

尊敬的各位来宾，

女士们，先生们，朋友们:

今晚，第二十六届世界大学生运动会将在深圳隆重开幕。我谨代表中国政府和人民，对各位嘉宾表示热烈的欢迎！

世界大学生运动会自1959年创办以来，秉承“发展大学生体育运动、促进国际团结合作”的宗旨，为各国各地区大学生运动员同场竞技、展示英姿搭建了平台，为世界各国各地区青年加深互相了解、增进友好感情架起了桥梁，有力推动了国际青年体育事业发展。

半个世纪以来，各国各地区大学生运动员在赛场上奋力拼搏、勇创佳绩，展现了朝气蓬勃、昂扬向上的青春风采。不同国家、不同民族、不同宗教信仰的青年学子在大运会上友好交流、积极互动，多彩文化在这里交融，友谊种子在这里播撒，合作信念在这里凝聚。这是大运会的魅力和真谛所在。

女士们、先生们！

深圳是中国最年轻的大城市，这里充满生机活力，是观察当代中国的重要窗口。我相信，在深圳市政府和人民几年来精心筹办的基础上，在国际大体联和各国各地区代表团积极参与和共同努力下，本届大运会一定能办成一届有特色、高水平的运动会，在世界大运会历史上写下精彩的一页。

现在，我提议：

为本届大运会圆满成功，

为世界各国人民团结和友谊，

为各位嘉宾和家人健康，

干杯！

必需知识

一、什么是欢迎词

欢迎词是指机关、团体、企事业单位或个人在迎宾客的仪式上发表对宾客的到来表示欢迎的致辞。欢迎词是一种常见的社交礼仪演讲，旨在对来宾表示欢迎和尊重，表达友好交往、增进交流与合作的意愿，并借此营造和强化友好和谐的氛围。

二、欢迎词的特点

（1）口语化。欢迎词是现场向来宾口头表达，因此遣词造句要尽量生动化、生活化，富于亲和力，便于烘托气氛，拉近主客双方的关系。

（2）欢迎性。欢迎词就是要向来宾表达热情真挚的欢迎之情，使得客人有宾至如归的感觉，为接下来双方的合作奠定基础。

（3）互动性。一般情况下，主任致欢迎词后，宾客即会致答谢词。应此，欢迎词应具有互动性。

三、欢迎词的种类

从表达方式上分：

（1）现场讲演欢迎词。一般由欢迎人在被欢迎人到达时在欢迎现场口头发表的欢迎稿。

（2）媒体发表欢迎词。这是发表在报刊或公开发行刊物之上的欢迎稿。它一般在客人到达前后发表。

从社交的公关性质上分：

（1）私人交往欢迎词。私人交往欢迎词一般是在个人举行较大型的宴会、聚会、茶会、舞会、讨论会等非官方的场合下使用的欢迎稿 。通常要在正式活动开始前进行。私人交往欢迎词往往具有很大的即时性、现场性。

（2）公事往来欢迎词。这样的欢迎词一般在较庄重的公共事务中使用。要有事先准备好的得体的书面稿，文字措词上的要求较私人交往欢迎词要正式和严格。

四、欢迎词的结构和写法

欢迎词一般由标题、称谓、正文和落款四部分组成。

（一）标题

标题写法一般有三种。

第一种一种是以文种作为标题。例如:《欢迎词》。

第二种是由修饰性、限制性的内容加上“欢迎词”构成。例如:《在××学术讨论会上的欢迎词》。

第三种是由“欢迎宴会名称”加“致辞”或“讲话”构成。例如:《在××欢迎宴会上的致辞》、《在欢迎曼彻斯特市代表团大会上的讲话》。

（二）称谓

称谓要在标题之下顶格书写，称谓后要用冒号。在来宾姓名或职衔前加上“尊敬的”、“亲爱的”、“敬爱的”等表示亲切的词语，在姓名后要加上职衔（也可以只写职衔）或“先生”、“女士”、“阁下”等称谓语。对在场的其他主、客人员，一般要用“女士们”、“先生们”或“朋友们”、“同志们”等泛称。 如果欢迎的宾客是一个代表团，一般也用泛称。例如“尊敬的曼彻斯特代表团的各位朋友，女士们，先生们:”。

（三）正文

正文是欢迎词的中心内容，要表现出对宾客的热烈欢迎之情和诚意。一般包括开头、主体和结尾三部分。

1. 开头

开头表示欢迎之情。通常应说明现场举行的是何种仪式，发言者代表谁向谁表示热烈的欢迎。措词时，既要突出主要宾客，也要兼顾陪同人员。

例如：中共温州市委副书记陈艾华于 1998 年 1 月 13 日所作的《在全国普通高校招生改革研讨会上的致辞》的开头部分：

各位领导，同志们：

在牛年即将过去，虎年就要到来之际，全国普通高校招生改革研讨会在我市隆重举行。我谨代表中共温州市人民政府，向国家教委领导和与会代表表示热烈的欢迎！

2. 主体

主体是欢迎词的主体、核心。在这一部分一般是回顾主客双方的友谊，或阐述双方缔结某种友好关系的意义以及客方对此的贡献，或表示对双方缔结友好关系的真诚愿望等。

3. 结尾

结尾通常在结尾处再次向来宾表示欢迎，并表达自己对今后合作的良好祝愿。祝愿语的写法一般是：先表达对主要宾客的祝愿，再表达对陪同宾客的祝愿，最后表达共同性的祝愿。

4. 落款

要在媒体发表的欢迎词，在正文右下方要署上致词单位名称、致词者的身份、姓名，并署上成文日期。如标题中已有名称可不再署名。现场即席演讲的欢迎词可以不落款。

五、欢迎词写作要求

（1）热情洋溢，真诚感人。称呼要用尊称，感情要真挚，应推心置腹，以诚相见。 要避免满纸客套话。

（2）礼貌周到，措辞得体，分寸适度。要注意尊重对方的风俗习惯，应避开对方的忌讳。同时，措辞要慎重，符合双方的身份，既尊重对方，又不卑不亢，勿信口开河。

（3）语言简洁生动，用词口语化。欢迎词虽然有书面材料，但最终都是要通过口语表达出来，因此应注意多用生动的、生活化的语言。

（4）篇幅短小，言简意赅。一般的欢迎词都是一种礼节性的外交或公关辞令，宜短小精悍，不必长篇大论。

拓展训练

某职业学院工商系周主任带领工商系会计专业的部分师生到某会计事务所参观学习，受到了事务所领导和员工的热情欢迎。请为该会计事务所的领导写一篇欢迎词。

任务二　欢送词写作

学习目标

在掌握欢送词的内容、结构和写法的基础上，能够拟写欢送词。

任务导入

学校召开毕业典礼，代表全体在校学生写一篇欢送词。

范文阅读

周恩来总理的欢送词

总统先生，尼克松夫人，
女士们，先生们，
同志们，朋友们：

首先，我愿以所有在座的中国同事们和我本人的名义，感谢尼克松总统和夫人邀请我们参加宴会。

总统先生一行明天就要离开北京，前往中国南方参观访问。在过去几天里，总统先生会见了毛泽东主席，我们双方举行了多次会谈，就中美两国关系正常化和关心的问题交换了意见。我们双方之间有着巨大的原则分歧，经过认真、坦率的讨论，对彼此的立场和主张有了更清楚的了解，这对双方都是有益的。

时代在前进，世界在变化。我们深信人民的力量是强大的，不管历史的发展会有什么曲折反复，世界的总的趋势肯定走向光明而不是趋向黑暗。

增进中美两国人民之间的了解和友谊，促进中美两国关系正常化，这是中美两国人民的共同愿望。中国政府和中国人民将坚持不懈地为实现这一目标而努力。现在，我提议：

为伟大的美国人民，

为伟大的中国人民，
为中美两国人民的友谊，
为尼克松总统和夫人的健康，
为在座的其他美国客人的健康，
干杯！

周　恩　来

一九七二年二月二十七日

必需知识

一、什么是欢送词

欢送词是指机关、团体、企事业单位或个人在公共场合欢送友好团体或个人来访后回归或亲友出行时所做的致辞。

二、欢送词的特点

（1）口语化。欢送词和欢迎词一样，也是现场向宾客口头表达，因此遣词造句要尽量生动化、生活化，富于亲和力。

（2）惜别性。欢送词要表达与宾客或亲朋告别时的感受，要表达出依依惜别之情，但不宜过于沉痛。

三、欢送词的结构和写法

（　）标题

写法同欢迎词，只是把“欢迎词”改成“欢送词”。

（二）称谓

写法要求同欢迎词。

（三）正文

一般包含以下三部分内容：

1．开头

对宾客的即将离去表示热烈的欢送，写明此时举行的是何种欢送仪式，发言人代表谁向宾客表示欢送。

2．主体

简要回顾和阐述主客双方在合作或访问期间所取得的收获、成绩或进展、达成的共识等，并阐述其价值和意义。

3．结尾

简明扼要地表达对双方今后进一步合作的心愿，再次向来宾表示诚挚的欢送之情。

拓展训练

某职业学院工商系周主任带领工商系会计专业的部分师生到某会计事务所的参观学习圆满结束，该会计事务所设宴为其送行。请为该会计事务所的领导写一篇欢送词。

第二部分

行业应用文

行业应用文是现代社会各行各业为解决业务工作和专业而撰写的应用文，也称为专业应用文，每个行业都有自己特定的应用文。随着社会的发展，社会分工越来越细，行业应用文的种类也越来越多。相对于通用应用文，行业应用文的写作对作者提出了更高要求，不仅要求作者具有一定的写作能力，还必须掌握专业知识。

第一单元 经济类应用文

任务一　市场调查报告写作

学习目标

能够运用科学合理的方法进行调查，撰写具有实用价值的市场调查报告。

任务导入

选择你所熟悉的某种学习用品，对其在本校的销售状况做市场调查，写一份小型市场调查报告提纲。要求如下：

- 调查前应制订一份调查计划；
- 要求至少运用 2 种调查方法，其中一种必需为问卷调查；
- 设计一份调查问卷。

范文阅读

保健品消费 南北显著差异

夸克市场研究公司

作为 20 世纪末最热闹的市场——保健品市场，夸克（中国）顾问市场研究服务有限公司在几大板块保健中，一直致力于消费者的症状、态度、需求、行为的研究。经过深入调查发现，我国城镇人均用于保健品的支出年增长率在 70% 左右，全国保健品城市的市场容量超过 300 亿元。可见保健品市场仍具有巨大的发展潜力。在 2000 年 5 月，夸克对全国较发达的沿海地区 17 个大、中、小 3 类城市的保健品、药品市场进行了一次基础调查。超过 12 000 个样本的调查结果显示：以北京、济南为代表的北方市场和以广州、福州为代表的南方市场都是保健品发展较为成熟的市场，平均有 70%的消费者在过去一年内购买过保健品。就人均年消费金额来说，北京的消费金额最高接近 700 元/年，济南、福州、广州的人均消费额在 500 无/年左右。且这两大市场的市场总额都较大，尤其是北京市场的总额更是超过 10 亿元。由此可见北方的北京、济南，南方的广州、福州都是南北典型的保健品测试市场。

值得关注的是，在此次研究中发现：由于南北方消费者对保健品的消费形态存在较大的差异，导致南北方保健品市场的需求存在较大的差异。下面仅就其中两点说明保健品消费的南北差异。

一、南北保健品市场的种类需求明显不一

调查结果显示：南北消费者对保健品的需求存在很大的差异性，对不同种类的需求明显不同。南方（以广州、福州为代表下同）消费者较为重视个人形象问题，对于治疗青春痘、暗疮、色斑等具有美容功能的保健品及补血类保健品的需求较大；而北方（以北京、济南为代表，下同）消费者则对补脑、补钙类保健品及调节血压、血脂类保健品需求较大。对于调节肠胃类保健品方面，南方以治疗肠胃不适、食欲不振的产品为主，北方则以治疗便秘的产品为主。从消费者在过去一年内购买过的保健品的比例上可以反映出这一差异性。

形成这种差异的主要原因与两地的地理环境以及饮食习惯有关，南方由于接近赤道，日照时间长，因此皮肤容易产生暗疮、色斑等问题；且南方天气潮湿闷热易使人食欲不振，加上饮食清淡且以精细粮食为主，造成蛋白质摄入量不足，较易患有贫血、消化不良等症，因此对于去痘、祛斑等美容养颜类保健品、补血类保健品及调理肠胃类保健品的需求较大。而北方天气干燥、温差变化大，饮食方面喜欢大鱼大肉等高脂肪食物，较易患有便秘、高血压、高血脂类疾病，因此治疗便秘、调节血压血脂类保健品在该地区的需求较大，同时北方地区消费者尚未有补充钙质的生活习惯，故补钙产品在北方的市场容量也比南方大。

二、南北保健品市场的消费者各异

1. 消费年龄两极化差别明显

通过调查我们发现：40～59 岁的消费者是北方保健品的主要消费人群；而南方保健品的主要消费群则以 18～29 岁的青年人为主。产生南北方消费两极差异的主要原因是：两地消费者对保健品的认知不同以及两地的饮食文化存在差异。北方消费者认为保健品是以治疗和增强体质为主的产品，认为年轻人身体好，精力旺盛，不需要服用保健品。而年纪较大的人，身体各项机能容易出现问题，需要服用这类产品进行治疗，同时提高抵抗能力，增强体质，加上北方消费者性格豪爽，喜欢效力强、见效快的产品。因此，北方消费者喜欢服用各类功效较强的产品，例如鹿茸、人参、虎骨等产品。而南方消费者认为保健品主要起保持身体健康的作用，由于向来就有日常进补的习惯，因此喜欢在日常饮食中加以进补，特别是中老年人认为保健品不是真材实料的产品，对产品持怀疑想度。青年人由于工作繁忙，对日常饮食无暇顾及，因此只有通过服用保健品来达到保健的目的。且南方消费者认为保健应是慢慢巩固和加强身体的抵抗能力，认为“急、快”的进补反而会对身体有害，故南方市场以一些效力温和的产品如洋参、乌鸡、珍珠等产品为主。

2. 南北方消费者对各类保健品的消费年龄差异大

从消费者购买较多的养颜类、调理肠胃类、补钙类和补血类四类保健品的购买年龄分布来看，南北各类保健品的消费群也有较大的差异。其中补钙类保健品市场的南北差异最为明显：南方市场一半以上的消费者为不到 30 岁的青年消费者，而北方市场则以 40～59 岁的中年消费者为主。回顾目前的补钙产品市场是中老年补钙产品或儿童补钙产品的天下，而专门针对年轻人补钙的市场目前还是空白，因此钙产品生产厂家不妨考虑这部分市场。就养颜类保健品市场而言：北方养颜类保健品的消费者群比南方大，消费者除了青年女性，还包括 50 岁左右处于更年期的中年女性。而现在的养颜类保健品广告主要针对青年女性而忽视了中年女性，只有太太口服液的“静心系列”是明确针对处于更年期的女性的产品，这也使太太口服液占领了大部分中年养颜类保健品市场。

综上所述，由于中国国土辽阔，人口众多，各地区的消费者由于受地理文化、经济水平、生活习惯等方面的影响，在消费形态方面必然存在着较大的差异性，从实务营销的角度来看，夸克认为营销的核心是产品理念，产品理念来源于消费者的消费习惯和态度，因此对消费者的了解是制定有效营销策略的基础。所以无论何种产品，在产品推广的前期，都应选择部分区域市场进行测试。把握消费者对产品的评价及消费态度等方面，了解各区域消费者的消费形态的差异，在此基础上制定和调整产品的营销策略。尤其是较易受消费形态影响且见效较慢的保健品，更有必要去充分了解各地消费者的消费习惯和态度，才能制定出最有效的市场策略。例如：如果要推出一种针对青年女性的补钙产品，则可选择南方市场为其测试市场；若要推出一种治疗便秘的保健品，则可选择北方城市为其测试城市。

【简析】

这篇市场调查报告由于在杂志上公开发表，具有新闻性质，标题也采用新闻标题的形式，鲜明醒目地点出了调查的结论：保健品市场存在显著的南北差异。结构简明，分为 3 部分：前言、主体和结尾。前言部分介绍了调查作者，概述了调查范围、调查目的、方式等。主体部分分两个层次阐述了保健品市场南北差异的两个典型特点，先是描述情况，然后是分析原因结尾部分总结归纳全文，得出结论，提出建议。这篇调查报告，归纳概括情况较为准确，分析有理有据合做合理，结论也具有相当强的说服力。

必需知识

一、什么是市场调查报告

市场调查报告是根据市场调查研究活动及调查成果，写出的有情况、有分析的书面报告。市场调查报告有利于企业提高决策的科学性，有利于企业生产适销对路产品，有利于企业制定有效的广告策略，有利于企业提高竞争能力。

二、市场调查报告的特征

（一）市场调查报告具有特定的“市场”调查内容

这里的市场不仅仅是指商品的销售场所，而是指产品从生产领域到流通领域最终到消费者手里的整个环节所涉及的方方面面。主要包括 6 个方面：

（1）市场供求情况。

（2）产品的情况。

（3）消费者的情况。

（4）本企业经营销售情况。

（5）市场竞争情况。

（6）政策法规情况。

（二）市场调查报告具有很强的纪实性、评析性、时效性

市场调查报告的内容，首先是对客观实际情况的真实、具体、准确无误地反映，呈现记叙文的纪实特征。其次，市场调查报告不仅要对商情如实记录，还要对市场状况进行深入分析研究，找本质、找规律，要拿出调查研究的结论，并对市场的发展趋势进行预测，展示出议论文

的议论分析特征。再次，市场调查报告还非常讲究及时、适时，以便把握商战时机，具有一定的新闻色彩。

（三）市场调查有一套科学的市场分析方法

除了采取资料查略、询问、观察等调查报告所使用的文献调查、实地考察、采访询问、问卷调查、网上查询等方法外，还经常使用实验法、统计分析法等市场调查专用方法。

三、市场调查报告的种类

（一）根据调查内容划分

可分为综合性市场调查报告和专题性市场调查报告两类。综合性报告要对市场的各方面进行全方位调查研究。专题性报告可就市场的某一方面进行专项调研。还可以分为宏观调查、微观调查两类，

（二）根据市场内容对象和协作方式划分

可分为陈述性市场调查报告和分析性市场调查报告两种。

陈述性市场调查报告是针对具有发生、发展过程的商情课题，运用叙述、说明表达方式进行具有陈述，不作过多分析论证的一类调查报告。市场发展状况、典型经验、新生事物等课题常采用这种写法。该类调查报告重过程、重细节，呈现典型的记叙色彩和说明色彩。分析性市场调查报告是指那些说明、议论、分析论证色彩很浓的调查报告，该类调查报告重在把一个对象整体分类分解为若干组成部分或各种因素，横向展开，逐一分析其特点、本质和彼此联系，从而找出其规雄性。写作中经常采取因果分析、因素分析、本质分析、危害分析、意义分析、对比分析、定性定量分析、数字分析等方法，因而有一定的深度，理论价值较高。

四、市场调查报告的结构及其写法

1. 标题

标题即报告的题目。可分 3 种：公文式、文章式和复合式。

（1）公文式。在标题中写全调查的单位、调查的范围、内容和文种，或只写后两项。例如：《张家口市政策研究室对高收入者分布情况的调查》、《天津自行车在国内外市场地位的调查》。文种名称可用“调查”“考察”或再加上“报告”。

（2）文章式。不出现文种名称，写作比较自由。可以用调查课题、调查结论或主题命题。例如：《一次富有成效的尝试》、《首都自行车市场进入饱和期》、《出口商品包装不容忽视》。

（3）复合式。由正副标题组成。正标题点明文章的主旨，副标题写明调查对象及文种，例如：《要求平等相待，渴望支持扶植——对 × × 市 × × 区个体科技户的调查与思考》。

2. 前言

市场调查报告的前言，一般要对调查的人员、时间、地点、目的、范围、对象、方法、经过以及调查者自身的情况做必要的交代。有的可概括调查报告的基本结论。这一部分应当采用第一人称的写法。

3. 主体

市场调查报告的主体内容一般由市场现状如何、为什么会这样、将来会怎样 3 个基本要素构成。结构由市场现状、市场预测和营销建议 3 个部分构成。

（1）市场现状。主要是对调查对象的现状或历史的基本情况和具体情况进行陈述。这部分是全文的基础和主要内容。

（2）营销建议。在调查和预测的基础上，提出相应的市场营销建议。这部分体现市场调查报告的最终目的。

（3）调查的结论或市场预测。在市场现状调研分析的基础上对市场发展的趋势做出推测。这部分类似普通调查报告的结论部分，是对调查对象具体情况分析后得出的判断性结论，但又包含着市场调查报告的个性内容，要对市场的未来趋势做出判断估计。

在实际的写作过程中，以上三部分内容要根据市场调查的具体情况、调查的课题的特殊要求等进行选择或侧重。

① 市场供求情况。市场供求情况是指社会生产总量与消费需求总量的比例关系。具体包括需求与供给两个方面。需求方面是指某一时期整个社会购买力的总和。具体包括工资水平、货币投放量、储蓄存货的变化、现实的消费、潜在的消费、消费的趋势、购买行为和消费水平等内容。供给情况是指某一时期内社会投放在市场上的商品、能够提供给市场的商品的供给量和进货途径、数量、资源结构等内容。

② 产品的情况。包括产品的品牌、质量、款式、功能、价格、技术、服务，消费者对产品的评价、意见、要求，产品的市场销售、发展的趋势、市场展望等内容。

③ 消费者的情况。由消费的购买心理、购买行为和购买趋势等构成。具体包括：购买的动机、兴趣、习惯、观念等消费者个性特点，对消费心理和行为起直接或间接影响的社会、经济、文化、心理的各种因素，消费者的现状、发展变化和发展趋势等。

④ 本企业经营销售。包括销售状况、销售能力、销售组织、销售渠道、销售方式、销售策略、销售服务、促销方式、广告策略等内容。

⑤ 市场竞争情况。由市场竞争的结构和变化趋势，主要竞争对手的情况和本企业产品竞争成功的可能性等方面构成。具体包括：是否存在直接竞争，主要竞争对手是谁，具有多少市场份额，其生产规模和扩大销售计划如何，竞争对手的产品成本优势和劣势，价格优势以及对市场的控制能力，其他竞争对手的情况是否有间接竞争，目前市场还存在什么样的空白等。

⑥ 政策法规情况。政府政策的变化，法律、法规的实施都对企业有重大影响。例如税收政策、银行信用情况、能源交通情况、行业的限制等都与企业和产品关系重大，也是市场调查不可或缺的一部分。

4. 市场调查报告的结尾

有两种情况：一是报告的正文写完，自然而然结束；二是总结全文，照应开头，以加深读者的印象。

5. 市场调查报告的尾部

一般由作者署名和写作日期构成。用于写给有关单位、部门做决策参照的市场调查报告，通常在尾部落款。用于对社会公开发表的，一般在标题之下，正文之前，居中位置署名。

拓展训练

选择你所熟悉的某种生活用品，对其在本地的市场销售状况做市场调查，写一篇小型市场调查报告。

任务二　市场预测报告写作

学习目标

能够运用科学的方法进行调查，作出合理的预测分析。

任务导入

以“某产品市场预测”为例，编制一份简要的市场预测报告写作提纲。要求如下：

- 列出市场调查报告提纲；
- 通过科学调查预测来推断未来的发展趋势。

范文阅读

干电池产销预测

干电池是一种携带方便、使用安全的化学电源，广泛应用于手电筒、半导体收音机、袖珍计算器、电动玩具、助听器和一些仪器、仪表。

一、产销现状

建国以后，我国电池工业有很大发展，到 200×年，全国电池厂共有×家，年产×亿只，比解放前增长×倍，年产量跃居世界第×位。品种也相应发展，解放前主要是锌锰系列，现已扩大为锌锰、锌银、镁铜、镁银、镉镍和锌铜等六个系列×个品种。

上海生产电池的工厂现有××电池厂等×家。年产量 19××年约×万只，到 200×年达到×万只。近年来，产量持续上升，200×年已达×万只，占全国总产量××%。

目前，由于各地新厂上马较多，产量增长幅度较大，全国电池产量从总量说已处于饱和状态。其中工业和国防用电池一般是以销定产，产销基本平衡，而民用电池不同的规格品种紧弛不一，中小号电池偏松，大号电池偏紧。

二、预测

干电池的发展前景，取决于国内消费水平和出口状况。从国内市场分析，主要用于半导体收音机、手电筒和儿童玩具。估计半导体收音机社会拥有量每年递增率为 30%左右，对电池的需求将同步增长。电动玩具，由于社会关心儿童的成长以及年轻父母对独生子女的爱护，销售也有扩大趋势。据此，预测国内干电池的消费量尚有一定的增长前景。出口方面，据外贸部国际贸易研究所资料，世界市场电池进出口贸易近年来不断上升。19××年各国出口总额为×亿美元，200×年上升到×亿美元，200×年又增加到×亿美元。我国电池产量居世界第×位，而出口额甚小，主要口岸之一的上海，200×年出口额仅×万美元，可见扩大出口额颇有潜力。

三、建议

（一）调整品种规格

目前有些地区大号电池仍畅销，而中小号电池呆滞。据分析，一节 1 号电池零售×元，可间歇放电 1 100 分钟；2 号电池售价×元，可间歇放电 350 分钟；5 号电池售价×元，可间歇放电 150 分钟。消费者使用 1 号电池要比 5 号电池节省费用三分之二。因此从适应市场需要和节约社会财富而言，都应调整品种规格，增大大号电池比重。

（二）采取措施，扩大出口

电池出口有两个特点：一是国内生产能力较大，不影响人民消费；二是换汇率高。为了扩大出口，一方面要提高产品质量，保住原有市场，同时要投产适销品种，系列配套齐全，加强竞争能力，打开欧美市场。

预测人：×××

××××年××月××日

【简析】

这是一篇格式规范，符合要求的市场预测报告。报告开篇简要叙述了干电池生产的历史状况和目前状况，并着重指出尽管全国干电池产销从总量上已处于饱和状态，但民用电池不同规格品种松紧不一，中小号偏松，大号偏紧。这就为下文的建议与措施的提出做好铺垫。接着通过合乎逻辑的推理和具体数字的分析进行预测并做出结论：国内干电池消费量尚有一定增长前景；扩大出口尚有潜力。最后针对预测结果，提出了两点建议：对内调整规格品种，扩大大号电池比重；对外投产适销品，系列配套齐全。建议理由充分，切实可行 全文篇幅虽短，但数字准确、资料全面、分析深刻、办法可行，条理清楚，语言简明。

必需知识

一、什么是市场预测报告

市场预测报告（简称市场预测），是根据市场调查的各种资料，运用经济科学的手段和方法，对未来的市场发展趋势作出测算、判断而撰写的报告。市场预测对于提高企业经济效益的决策有着重要作用。

二、市场预测报告的特点

（一）依据的科学性

经济预测报告绝不是单纯凭主观臆断出来的，而是在马克思主义世界观、方法论的指导下，从客观准确的资料出发，运用科学手段进行预测而产生的成果。因而在理论上、实践上、方法上都是有科学依据的。

（二）趋向的预见性

现代市场经济，特别是我国社会主义市场经济，与资本主义初期的市场经济有一个很重要的区别，就是强调宏观调控和指导，重视趋向的预见性，避免和克服盲目性。而经济预测报告的任务，正是着重对经济发展趋向的预测，充分体现了观测未来这一特点。

（三）预测的指向性

因为预测是为企业经营服务的，因此，预测的项目、范围、内容都有一定的指向性，不是毫无目的随心所欲的。

（四）作用的时效性

随着我国社会主义市场经济迅速发展，经济活动节奏快、变化大，一方面要求预测报告把握时间，以极快的速度提供新的信息，反映经济发展的变化方向；另一方面，又要以最快的速度把经济预测传递给管理部门，变为决策的依据，并通过将来的实践进行验证。只有把握预测报告的时效，才能发挥其更大的作用。

三、市场预测报告的种类

（一）宏观预测与微观预测

（1）宏观预测是针对某一大类商品，就社会购买力与商品可供量的平衡情况所作的预测。

（2）微观预测是针对某一种或某一个牌号的商品，就其社会总需求量所作的预测。

（二）定量预测和定性预测

（1）定量预测是指主要采用统计分析法和经济计量法进行的预测。所谓统计分析法，是主要根据已有的大量历史资料进行分析研究，统计出大量数据，从中发现产品的供求趋势。所谓经济计量法，主要是根据各种因素的制约关系用数学方法加以预测。

（2）定性预测是对影响需求量的各种因素，例如产品质量、价格、消费对象、销售网点、用途等进行调查、分析、综合之后，对供求前景作出推测和判断。

（三）短期、中期和长期预测

一般把一年以内的预测称为短期预测，一年以上五年以内的预测称为中期预测，五年以上的称为长期预测。短期预测适用于产销变化大的商品，中期预测适用于耐用商品，长期预测适用于建设周期长、投资大的商品。

四、市场预测报告的结构及其写法

市场预测报告通常包括标题、正文、落款三个部分。

（一）标题

常见的标题有两种形式。

（1）完全式

由时间、地域、预测对象和文种四个要素组成，例如：《2011 年全国电视机产销趋势预测报告》、《××市 2011 年至 2012 年啤酒需求量的预测》、《××厂 2012 年利润增减预测》等。有的标题也可以只有其中的两个或三个要素，例如：《通信设备市场预测报告》、《北京市家用汽车销售趋势预测》等。

（2）新闻式

用预测报告的主旨或内容做标题。可以只有正标题，也可以用正副标题，正标题揭示主旨或概括内容，副标题就预测对象、时间、地点、文种方面加以补充说明，例如：《繁荣·稳定·上升——××年××市场走向预测报告》、《国际市场商品包装发展趋势》、《持续热销要求更高——从上海的一次典型调查看家用电器的市场需求》等。

特别值得注意的是标题不论怎样写，预测对象不能缺，且要题文相符，简洁明快。

（二）正文

正文一般由前言、主体和结尾三个部分组成。

1．前言

又叫情况部分，一般交代预测目的、时间、地点、范围、对象和预测方法等，介绍预测对象的历史和现状，包括有关数据和因素，以作为主体展开分析研究的依据。

2．主体

又叫预测部分，这是预测报告的核心。通过对历史和现状的数据情报资料的分析，推论预测对象未来的发展趋势，写作时，运用的资料要真实可靠，分析要客观得当，推论要合乎逻辑，预见要切合实际。

3．结尾

又叫建议和决策部分，这部分建立在主体部分扎实透彻的分析预测基础上，应提出切合实际的建议、设想，供领导决策参考。这一部分要写得具体、有效，既要注意措施的可行性，也要注意建议的针对性，不要脱离客观实际，作一些不可能实现的夸夸其谈。

（三）落款

即署名和日期。市场预测报告应有署名，以示负责。署名可以是单位名称，也可以是个人具名；可以写在正文右下方，也可以写在标题下。

五、市场预测报告的写作要求

（一）客观性

和市场调查报告的要求一样需要占有大量真实客观的材料，并对这些材料进行客观的分析、比较、综合，以提高预测的准确性。如果作者是带有一定的情感倾向去写，或者带有一定的目标去写，判断就会产生较大的误差，分析就会出现失误。

（二）科学性

在客观性的基础上，还要做到科学性，包括预测方法的科学性，如在选用材料上，要选用有典型性的普遍性的，不能用极端的来进行预测。在预测的程序和推理上也要按照严密的科学推理方法进行，例如用归纳法的时候，就尽量多用一些个体事例。只有遵循科学性，才能有较强的准确性。

（三）明确性

市场预测要求对市场的变化、发展趋势、未来走向等提出分析意见，并以此提出建议和措施，这就需要做到有比较明确的观点和看法，不能写出一个没有建议、没有结论或者是含糊不清模棱两可的市场预测报告。

拓展训练

根据所学知识，分析下面这则预测报告的弊病。

中国私人轿车市场分析与预测报告

在中国的消费者步入大型消费之际，私人轿车消费市场迅速崛起。2002年，北京私人购买轿年的比例在不断地上涨。而在珠江三角洲私人轿车，特别是豪华私人轿车的消费几年来也一直保持看强劲的增长势头。成都、南京、郑州等内陆城市轿车消费也正在成为私人消费的热点。中国汽车新网几年来所倡导的将轿车视为一种耐用消费品的研究理念正在逐步被市场所验证。

消费者真正将轿车作为一件耐用消费品而不再把轿车作为一种奢侈品之时就是中国私人轿车消费市场真正启动之日。可以想象，如果中国的城镇家庭拥有一辆私人轿车像拥有一台电视机或电冰箱那样普遍，中国私人轿车市场的规模会有多大。有些人可能认为这是不太现实的。是的，目前是不现实的，然而在 5 年以后 10 年以后，谁敢保证它是不可能的呢？根据中国汽车新网的预测，2007 年中国将有 3 亿多户家庭，其中 2 亿多户城镇家庭。假如 2004—2007 年，有 5% 的城镇家庭购买了轿车，这将意味着 5 年间将至少存在近千万辆的私人轿车需求，年均也有一二百万辆。如果有 10% 的城镇家庭购买了轿车，这将意味着 2 000 万辆的轿车需求，年均 400 万辆。而在 2002 年，中国轿车的总体销售仅为 100 万辆出头，如果纯考虑私人轿车购买量，市场销售远远未达到 100 万辆。简单比较就可以发现未来几年私人轿车消货市场的潜在规模是如何的巨大。

开发本研究报告的目的就是要提示轿车制造商应充分重视这一快速成长的细分市场，同时利用专家法对该细分市场进行系统的、深入的分析，并基于大量的定量数据和调查分析来判明该细分市场在未来 5 年的发展潜力。以帮助轿车制造商正确认识这一细分市场。本报告的具体内容涉及中国私人汽车保有量、中国轿车/私人轿车保有量、私人轿车消费现状、私人轿车的区域性消费/ 购买力分析、未来几年私人轿车消费潜力分析等。

任务三　经济分析报告写作

学习目标

在掌握经文种内容和结构的基础上，能够为企业或部门起草科学合理的经济分析报告。

任务导入

经济活动分析有什么重要意义，试结合实际进行说明。

范文阅读

××厂流动资金使用情况分析报告

××厂是生产小型交流电动机的专业厂。近几年来，该厂生产连年发展，品种不断增加，销量大幅度上升，为国家提供了大量积累和外汇收入。同 200×年相比，200×年该厂工业总产值增长 2.2 倍，产量增长 2.3 倍，质量稳步提高，已有 38% 的产品达到国际标准。产品不仅畅销全国，还远销欧美和东南亚。近三年，出口电机共达×万台，创汇×万美元，税利总额达×万元。

但从资金使用分析，还存在一定的差距。定额流动资金周转 200×年为×天，比 200×年的×天缓慢×天，相对多占用流动资金×万元。

一、流动资金周转缓慢

（1）产品降价，销售收入减少，影响流动资金周转×天。

（2）产品直接对外后，资金结算方式改变，使流动资金周转缓慢×天。

二、定额资产占用额上升

（1）由于出口产品品种增加，国外进口轴承、出口包装等储备增多，而使资金多占用××万元。

（2）库存材料结构不合理，主要材料储备偏低，辅料储备偏高，以致该厂加 200×年曾几度出现过停工待料现象。

（3）产品单位成本增加，200×年单台成本平均为×元，比 200×年增加×元。200×年库存量×台，比 200×年增加×元。200×年库存量×台，成品资金占用×万元。

（4）产销率降低，成品库存上升。其中 A 系列电机 200×年平均产销率仅为×%，比 200×年减少×%，即相对减少销售×台，平均多占用资金×万元。B 系列电机 200×年产销率平均为×%，相对减少销售×台，多占用资金×万元。

三、几点建议

为进一步挖掘资金潜力，减少资金占用，加速资金周转，提出如下设想：

（1）抓采购供应科计划的管理，特别是在制订一般辅料采购计划时，优先考虑现有库存，逐步使库存偏高的材料资金压下来，可压低×万元以上。

（2）抓产销率的提高。如能使产销率提高到 200×年×% 的水平，则成品库存量可比 200×年库存量减少三分之一，即可压缩×万元资金占用。实现这项目标，应着重抓生产均衡率，同时抓产品验收、装箱、发运、托收结算各道环节的协调工作。

（3）通过外销贸易谈判，争取缩短货款回笼结算期限。以该厂与德国××公司业务为例，产品发出后，货款实际回笼期达 8 个月。例如：趁修订贸易协定谈判的机会，促使外商同意改为信用证结算方式，则可缩短结算在途期 4 个月；再与代理出口的外贸出口公司协商，货款当月划付，则又可平均缩短半个月的结算在途期，从而加速资金的流转。

××厂
200×年××月××日

【简析】

这是一篇关于流动资金使用情况的专题经济活动分析报告。文章开篇运用比较分析法，拿目前的情况和过去的情况进行对比，说明生产不断增加，质量稳步提高的有利形势。但是从资金使用这一问题看，则还存在着一些问题。报告针对流动资金周转缓慢和定项资产占用额上升两个方面的问题进行分析，通过列举具体数字，综合运用比较法和因素分析法来分析问题的内在原因，从而得出了正确的分析结果。最后，文章针对存在问题提出了合理的建议。全文数据翔实，事实清楚，既有深入分析，也有合理建议，是一篇格式规范、符合要求的经济活动分析报告。

必需知识

一、什么是经济活动分析报告

经济活动分析报告是在国家经济方针政策和正确的经济理论的指导下，根据计划指标、会计核算、统计核算和调查研究所掌握的情况，运用科学的方法，对本部门或本企业的经济活动各要素发展变化的状况以及其相互关系进行科学分析研究，作出正确评估后写成书面报告。

二、经济活动分析报告的特点

（一）立足全局，全面、正面地分析评价

一定社会的经济是一个有机体，因此，在进行经济活动分析时，必须从宏观经济着眼从微观经济分析入手，把宏观分析与微观分析有机地结合起来，以全面了解整个经济活动和各个经济单位的经济情况。

（二）科学地选择、运用资料

经济活动分析报告以大量的资料为依据，应对企业的经济活动情况和引用的各项数据核实无误，但不要拘泥于现成的计划、会计、统计、核算等资料，而应当重视实地调研，对帐面上的数据和帐面外（即不能从报表中反映出来的资料，例如：原始记录、有关生产技术方面的资料等）的情况进行综合分析。

（三）分析问题和解决问题相结合

经济活动分析报告的目的在于解决问题，不要问题摆了一大堆，缺乏一个倾向性的意见和建议，结果工作依然如故，我行我素。因此，写经济活动分析报告时，必须客观真实地分析原因，提出改进的具体建议和有效措施，促进问题的解决，推动经济工作的进一步发展。

三、经济活动分析报告的种类

经济活动分析报告从不同角度可分为不同的种类。

（一）按部门分

有工业部门经济活动分析报告、农业部门经济活动分析报告、商业部门经济活动分析报告等。

（二）按目的分

有经验性经济活动分析报告、问题性经济活动分析报告、成本核算分析报告、销售统计分析报告、商场分析报告、生产成果质量分析报告等。

（三）按对象范围分

有宏观分析报告、微观分析报告。

四、经济活动分析报告的格式、写法

经济活动分析报告一般由标题、正文、结尾、落款及日期等部分组成。

（一）标题

经济活动分析报告的标题比较灵活，经常使用的有公文式标题和论文式标题两种形式：

1. 公文式

一般由分析单位名称、分析时间、分析内容和文种组成，例如：《××电冰箱厂 2011 年财务指标完成情况的分析报告》。有的可省略单位、时间，例如：《塑钢门窗发展趋势分析》。

2. 论文式

标题直接揭示分析的内容或观点。可以是单标题，也可以是双标题，例如：《推进技术进步，改造现有企业》、《加速结构调整，实行战略转移——分析 2010 广东经济形势和发展方针》。

（二）正文

经济活动分析报告的正文一般包括前言、主体和结尾三个部分。

1．前言

前言又称导语、引言。主要介绍分析对象的基本情况。写法比较多样。以简练的语言介绍经济活动的背景；是针对分析的问题，简明扼要地介绍分析对象的基本情况；先提出分析的内容和范围，或说明分析的目的，然后再针对分析的问题介绍基本情况；只是交代分析的原因和目的；明确分析的范围和时间；评述分析内容；提出问题引人注意；揭示分析结论先声夺人等，主要作用是为主体部分分析作好铺垫。

2．主体

主体是核心部分，应详写。包括情况介绍和分析评价两个部分，从分析的目的和要求出发，紧扣主题，运用数据和资料，进行具体分析，得出明确的结论。分析时，既评价经济活动的成效，又要分析原因。

主体部分的重点是要对现象进行透彻的分析。分析的深度是衡量报告质量的一个决定性因素。分析的过程要避免罗列相关数据，而应透过数据资料的相互联系，看到它所揭示的问题，所预示的经济活动发展的趋向与态势以及由此揭示的经济规律。

分所报告的主体篇幅长，内容丰富，结构要讲求条理性，常见的结构方式有以下几种。

（1）分列小标题式。即分析报告的每一部分均以小标题概括，每一部分显示的是一个方面的分析内容。

（2）文字图表结合式。这种方式是定量分析和定性分析的结合。即以一目了然的图表显示相关的数据，再辅之针对性很强的文字分析，从而收到分析材料更清晰，说服力更强的效果。

（3）分条列项式。为了使分析内容更明确，眉目更清晰，经济活动分析报告常采用分条列项的写法，即在每段的开头以序码标示序列，并以精简的文字概括整段文字的主要意思，以收到统领全段的作用。

以上介绍的是经济活动分析报告的 3 种常用的分析部分的结构方式。经济活动报告的分析部分，没有固定的格式，写作时可根据内容需要，灵活多样地组织结构。

（三）结尾

结尾又叫建议和决策部分，这部分是建立在主体部分扎实透彻的分析预测基础上的，应提出切合实际的建议、设想，供领导决策参考。这个部分中，要根据分析的结果，回答今后的经济活动将会“怎么样”或者应当“怎么样”的问题。

拓展训练

虚拟一个企业或部门，就某项经济活动展开分析。

第二单元　商务类应用文

商务类应用文是公司企业在经营运作、贸易往来、开拓发展等一系列商务活动中使用的各种文书的总称，是公司企业从事商务活动必不可少的办事工具之一。

商务类应用文小到商务信函、大到经济合同，都具有一般应用文的特点。但其本身具有记录性、评析性和时效性的显著特点。为公司企业制定决策提供了客观依据，是科学预测的表达手段，直接为公司企业的经营活动服务，直接反映公司企业形象，更是商务活动的原始记录，因此，在商务活动中运用广泛。

任务一　商务信函写作

学习目标

在掌握商务信函的内容和结构的基础上，能够为公司企业起草各种商务信函。

任务导入

为某公司采购中心制定一份办公自动化设备询价函，要求内容完整，格式规范。

范文阅读

××学院数码办公设备采购项目询价函

CSCG　2012-CX12

××××：

××学院采购中心受××学校委托，对下列校数码办公设备采购项目进行询价采购（采购商品名称、规格型号、技术要求等见附表），请接函后认真填写表格。填写时应根据自身实际情况作出一次性报价，并提供营业执照复印件及相关的资质证明（加盖公章并密封完好，外地供应商可传真回函）。回函于2012年5月9日下午17：30前送交××学院采购中心（××学院办公楼三楼），过时送交者无效。采购中心将按照“公开、公平、公正”的原则和供应商的资信、报价、产品技术性能、产品质量和售后服务进行决策。中标后请按中标金额0.4%向采购中心交纳中标服务费。

联系电话：0731-8562××××

传真电话：0731-8562××××

联系人：×××

CSCG　2012-CX12　询价表下载

××学院采购中心（印章）

二〇一〇年四月二十七日

必需知识

一、什么是商务信函

商务信函，是用信函的形式与有关企业沟通或处理各类商业问题时所使用的文书。企业公司之间的业务往来与联系、建立贸易关系、询价、推销、报价、还价、订购、装运与保险，付款、索赔与申诉等，都要用到商务信函。

二、商务信函的特点

（1）商务性。商务性主要指其内容单一，一般都是集中在商贸活动的洽谈，用于业务上。

（2）联络性。联络性主要指商务活动的各方从建立贸易关系开始，到业务活动的开展，基本上通过这些商务信函来联系和沟通感情，保持合作。

（3）凭证性。商务信函发出前，都有当事人的签署，这可作为输具体商贸事务的凭证，还可备查。一旦当事人之间发生争执或纠纷，它便可成为重要凭证之一。

三、商务信函的种类

商务信函的种类较多，按不同的标准分可以分为以下种类：

（1）按形态分。可分为公函式商务信函和普通商务信函。

（2）按行文关系分。可分为致函（发函）和复函。

（3）按发函内容分。可分为建立关系函、推销订购函、商务邀请函、商务确认函、询价报告函、推销订购函、信用调查函、发货催货函、付款索款函和索赔理赔函等。其中商品交易信函比例最大。

四、商务信函的作用

通过商务信函可以使企业公司和用户之间保持密切的联系，彼此传达合作的意愿，把业务细节具体表述出来，且能留存备查。商务信函还对发函方当事人具有一定的约束力。另外，商务信函也是签订协议书或合同书的依据。

五、商务信函的结构

（一）信头

商务信函一般用本企业特制的信笺，在其正文首页上部预先印好信头。一般在右上方或居中位置印好本企业的单位名称、地址、电话、传真、电子邮件地址和邮政编码等。目前国内许多企业公司的中文商务信函没印信头的也很多。

（二）标题

标题要概括商务信函的中心内容，在居中位置。有两种形式：

（1）由事由和文种构成。

例如："关于要求支付货款的函"

（2）先写"事由"，后跟冒号，然后用精练的文字概括该函件的中心内容。

例如："事由：要求支付货款"，"事由：装船通知"

（三）函号

函号即发函号或发函编号。一般多仿照公文字号的形式。函号通常写在标题的右下方，但有的便函，一般不编号。

（四）主送单位

主送单位指发函对象，是对收函者的称呼。写在标题左下方，顶格，后跟冒号；如果收信者是个人，一般在名字后面带上职务头衔，以示尊重，例如："刘××经理"。

（五）正文

（1）发函缘由。简明扼要说明发函意图、目的、原因或理由。若是复函则要引述对方来函的日期、事由。

（2）发函事项。要详细说明需要对方了解的具体事项，自己的意见。若复函一定要针对来函的内容做出明确答复。如果内容事项多，可分条列项。

（3）希望要求。函的内容是根据目的而定，所以表达希望要求是顺理成章的，执笔者就表明自己对收文方的具体希望和要求。例如："特请踩方惠顾并来函询问"、"希望上述得利能令贵方满意"等，也可用"特此函达"或"此复"等惯用结束语收束全文。

（六）信尾

（1）落款。发函单位名称（盖公章）或发信人姓名（盖章），在其下一行写明年月日。

（2）附件。附在商务信函之后的有关材料，例如："商品目录"、"商品价格表"、"订货单"等。在落款后另起一行的写明名称和数目。

（3）附言。指正文部分的内容有遗漏需补叙时说的话，可在商务信函末页左下方写上附言。根据需要使用附言，它不是必备项目。

商务信函的结构图：

标　题

函号

主送单位：

发函缘由（写清意图、目的、原因）

发函事项（具体事项）

希望要求

落　款

××××年××月××日

拓展训练

- 讨论商务信函的传递途径有哪些？不同的传递途径对商务信函有什么不同的影响？

• 为根据下面材料写一份商务信函。

××市××贸易公司地处××市，经营着本地区规模最大的商贸大厦，主营服装、鞋帽以及各类日用百货，在不久前的一次纺织新产品交易会上，该公司发现××市丝绸经销公司的仿古式柞丝绸女衬衫款式很新，想得到最新产品图文目录和最惠报价。

请你代××市××贸易公司写一封建立贸易的商务信函。

任务二　产品介绍写作

学习目标

在掌握产品介绍的内容和结构的基础上，能够为某个产品起草规范的产品介绍。

任务导入

寻找自己的周边的某一产品，撰写一份产品介绍。

范文阅读

昌化鸡血石介绍

昌化鸡血石是中国特有的珍贵宝石，具有鸡血般的鲜红色彩和美玉般的天生丽质，历来与珠宝翡翠同样受人珍视，以“国宝”之誉驰名中外。它产于浙江省临安市昌化西北的“浙西旅游大峡谷”源头的玉岩山。

昌化鸡血石形成于 7 500 万年前的火山活动，发现与开采有 1 000 多年历史，广泛利用兴于明清。明代，昌化鸡血石工艺品已成为皇宫和英国博物馆的珍藏品，清代，康熙，雍正、乾隆、嘉庆、咸丰、同治、宣统等历代皇帝与后妃选昌化鸡血石作为玉玺。现代，毛泽东主席曾使用和珍藏两方大号昌化鸡血石印章，周恩来总理曾选昌化鸡血石作为国礼，馈赠日本前首相田中。郭沫若、吴昌硕、齐白石、徐悲鸿、潘天寿、钱君匋、叶浅予等众多文化名流，也与昌化鸡血石结下了不解之缘。当今，一个以采集，收藏，研究，展销为主的昌化鸡血石热，正风靡中华大地。昌化鸡血石文化传播五大洲，尤其在日本，韩国和新加坡等，东南亚国家以及世界华人界更享盛誉。

昌化鸡血石的工艺用途主要是制作印章、雕刻工艺品和原石欣赏等。在众多印石中，昌化鸡血石是中国“印石三宝”之一，并以撩人的美姿，赢得“印石皇后”之誉，为中国印文化的发展作出了独特的贡献；同时又为我国的玉雕工艺创造了“鸡血”巧雕的独特流派，其作品以“瑰丽、高雅、精巧、多”著称。

昌化鸡血石在 1999 年以来的历次中国国石评选中，均为首选国石之一。宝玉石专家称昌化鸡血石为“中华瑰宝”。

必需知识

一、什么是产品介绍

产品介绍是对生产出来的可以满足人们需求的载体的介绍。新产品一问世，生产单位通常就要作产品介绍，以使人们从中了解产品的性能、特点、工艺、用途等有关情况，从而引起人们对它的兴趣和关注，并决定是否选购它。

二、总结的种类

（一）总体的产品介绍

这种产品介绍，往往以生产厂家为单位，从生产历史、技术力量、制造工艺、检测手段等方面说明该厂产品总体质量特点，并一一列举产品名称（写得比较简明概括）。有些大企业还以产品目录形式，向社会传递产品信息，介绍产品的种类、质量、规格等，使人了解该企业产品的总体状况，或若干最新产品的情形。

（二）具体的产品介绍

这是对某一种产品所作的介绍，旨在使人们清楚地了解某一产品的特点和功用，对该产品形成明晰的印象，从而考虑它的价值和对它的使用。

三、产品介绍的作用

产品介绍是沟通产品和顾客、用户之间的桥梁。它的作用主要是向社会公众说明产品各方面的知识，增进人们对它的认识，同时也兼有推销产品的作用。

产品介绍具有商品广告的性质，它与商品广告都要求说明产品的名称、性能、生产厂家等产品知识。二者的区别在于：产品介绍的目的主要是说明产品各方面的知识，它对产品特点的说明比较详细具体；商业广告的目的主要是推销产品，它对产品的说明多为高度概括，此外还要写清接洽的办法，销售的时间、地点，以及电话号码等项内容。

四、产品介绍的主要内容和结构

产品介绍的结构大体包括五个方面：

（一）产品的名称

产品的名称可直接作为产品介绍的标题。它是要向人们介绍的产品对象，要写得醒目。此外，对于人们比较陌生或不易理解的品名，应在介绍的开头就作出必要的解释，可以用下定义的方法，也可以用描述特征的方法。例如范文《昌化鸡血石介绍》的开头写道："昌化鸡血石是中国特有的珍贵宝石，具有鸡血般的鲜红色彩和美玉般的天生丽质，历来与珠宝翡翠同样受人珍视，以"国宝"之誉驰名中外。它产于浙江省临安市昌化西北的浙西旅游大峡谷源头的玉岩山。这样，使人看了不仅立即明白了它是怎样的物品，而且有了一个鲜明的、具体的印象。

（二）产品的概况

产品的概况包括产品型号、规格、材料、制作、产地和产品史等内容。例如：要介绍有色冶金工业的产品"镍"，就可写镍的世界著名蕴藏地、我国的镍工业基地、镍的发现和用途，以及镍的冶炼史等有关知识，使人们对产品的现状和来龙去脉有所认识。

（三）产品的特点

把握产品特点，介绍它的性质、成分、构造等方面的内容，常用的方法是同其他同类产品作比较。例如：《如沛营养胶囊》中，将自身产品同合成维生素进行比较："合成的维生素在合成使用时虽含有相同成分，但可能产生反作用，引起副作用"来突出本产品"天然性"的特点。有的产品介绍虽在文字上未直接与其他同类产品相比，但在着力介绍产品自身特点的同时，实际上也是显示了该产品与众不同的地方。运用比较的方法，常常能够有力地说明产品的特点。

（四）产品的功用

介绍产品的功用，可以使人们更好地认识该产品的功能特点和使用范围。说明功用，要分清主次。一般是主要功用先说、详说，次要的后说、略说。

（五）使用时的注意事项

根据产品的性质、构造等方面的情形，有的产品还需要介绍使用时的注意事项，让人们对该产品有全面的了解，以便在使用时有所遵循。

拓展训练

- 画出产品介绍的结构图。
- 写一份家用电器的产品介绍。

任务三 广告文案写作

学习目标

能够自己动手原创一篇广告方案。

任务导入

你所在的学校正在做招生宣传，请为你的学校创作一个招生广告文案。

范文阅读

大卫·奥格威为劳斯莱斯汽车所写的广告文案

一、标题

“这部新型的劳斯莱斯汽车在以每小时60英里的速度行驶时，最大声响来自它的电子钟。”

二、副标题

是什么原因使得劳斯莱斯成为世界上最好的车子？一位知名的劳斯莱斯工程师回答道：“根本没什么真正的戏法——这只不过是耐心地注意到细节而已。”

三、正文

(1)行车技术主编报告：“在以每小时60英里的速度行驶时，最大声响来自它的电子钟。”引擎是出奇地寂静。三个消音装置把声音的频率在听觉上拔掉。

(2)每个劳斯莱斯的引擎在安装前都先以最大气门开足 7 小时，而每辆车子都在各种不同的路面上试车数百英里。

(3)劳斯莱斯是为车主自己驾驶而设计的，它比国内制造的最大型车小18英寸。

(4)本车有机动方向盘，机车刹车及自动排档，极易驾驶与停车，无需雇用司机。

(5)除驾驶速度计以外，在车身与车盘之间没有金属衔接，整个车身都是封闭绝缘的。

(6)完成的车子要在最后测验室里经过一个星期的精密调试。在这里分别要受到 98 种严酷的考验。例如，工程师们用听诊器来细听轮轴所发出的微弱声音。

（7）劳斯莱斯保用三年。从东岸到西岸都有经销网及零件站，在服务上不再会有任何麻烦了。

（8）著名的劳斯莱斯引擎冷却器，除了亨利·莱斯在1933年死时，把红色姓名的首写字母RR改成黑色以外，再也没有变动过。

（9）汽车车身的设计制造，在全部14层油漆完成之前，先涂5层底漆，每次都用人工磨光。

（10）使用在方向盘柱上的开关，就能够调节减震器以适应路面的情况。（驾驶不觉疲劳，是该车的显著特点。）

（11）另有后窗除霜开关，它控制着1360条隐布在玻璃中的热线网。备有两套通风系统，即使你坐在车内关闭所有的门窗，也可调节空气以求舒适。

（12）座位的垫面是用8头英国牛皮制成，这些牛皮足可制作128双软皮鞋。

（13）镶贴胡桃木的野餐桌可从仪器板下拉出。另外两个可从前座的后面旋转出来。

（14）你还可以有以下随意的选择：煮咖啡的机械、电话自动记录器、床、冷热水盥洗器、一支电动刮胡刀。

（15）你只要压一下驾驶座下的橡板，就能使整个车盘加上润滑油。在仪器板上的计量器，可指示出曲轴箱中机油的存量。

（16）汽油消耗量极低，因而不需要买特价油，这是一部令人十分愉悦的经济车。

（17）具有两种不同传统的机动刹车，水力制动器与机械制动器。劳斯莱斯是非常安全的汽车，也是十分灵活的车子。它可在时速85英里时安静地行驶。最高时速可超过100英里。

（18）劳斯莱斯的工程师们定期访问汽车的车主，替他们检修车子，并在服务时提出忠告。

（19）班特利也是劳斯莱斯公司所制造。除了引擎冷却器之外，两车完全一样。是同一个工厂中的同一群工程师所设计制造的。班特利的引擎冷却器较为简单，所以要便宜300美元。对于驾驶劳斯莱斯感觉信心不太足的人士，可以考虑买一辆班特利。

价格：例如，广告画面所示的车子，若在主要港口交货，售价是13,550美元。

倘若你想得到驾驶劳斯莱斯的愉快经验，请与我们的经销商联系。他的名字写在本页的底端。

劳斯莱斯公司　纽约　洛克斐勒广场10号

四、随文

喷气式引擎与未来

一些航空公司已为他们的波音707以及道格拉斯DC8选用了劳斯莱斯的涡轮喷气式引擎。劳斯莱斯的喷气式螺旋桨引擎则用于韦克子爵机、爱童F-27式机以及墨西哥湾·圭亚那式机上。

世界各地航空公司的涡轮喷气式引擎，大半都是向劳斯莱斯订货或由劳斯莱斯公司供应的。

劳斯莱斯现有员工42 000人，而该公司的工程经验并不仅限于涡轮喷气式引擎及喷气式螺旋桨引擎。另有柴油发动引擎及汽油发动引擎，可用于许多其他领域。

该公司的庞大的研究发展资源正在从事许多未来性、计划性的工作。其中包括核能利用、火箭发射等。

必需知识

一、什么是广告文案

广告文案是广告作品中非常重要的部分，广告中可以没有画面、没有语言、没有声音，但是不可以没有文案。文案是作品的点睛之笔，是信息的主要载体。广告文案是以语辞进行广告信息内容表现的形式。有广义和狭义之分，广义的广告文案就是指通过广告语言、形象和其他因素，对既定的广告主题、广告创意所进行的具体表现。狭义的广告文案则指表现广告信息的言语与文字构成。广义的广告文案包括标题、正文、口号的撰写和对广告形象的选择搭配；狭义的广告文案包括标题、正文、口号的撰写。

二、广告文案的分类

广告文案根据不同的标准,从不同的角度进行划分。

（1）按媒体分：报纸广告文案、杂志广告文案、广播广告文案、影视广告文案、网络广告文案、户外广告文案、其他媒体广告文案。

（2）按文体分：记叙文广告文案、论说体广告文案、说明体广告文案、文艺体广告文案。

（3）按内容分：消费物品类广告文案、生产资料类广告文案、服务娱乐类广告文案、信息产业类广告文案、企业形象类广告文案、社会公益类广告文案。

（4）按诉求分：理性诉求型广告文案、情感诉求型广告文案、情理交融型广告文案。

三、广告文案的特点

（1）真实性。广告文案的信息必须是真实的，但手法可以是艺术的。

（2）独创性。美国广告专家大卫• 欧格威说：吸引消费者的注意力，同时让他们买你的产品，非得有很好的点子不可。广告文案特别创意广告文案，创作者必须要自出心裁，别具一格。我们可以从两个方面来表现创意：一是发现商品独特之处与消费者愿望的聚焦点。二是表现手法的独特。广告最忌平庸、人云亦云、千篇一律，手法的独创是广告的生命。

（3）审美性。广告文案也具有文学特性，因此具有审美性。一则好的广告文案，应该给人以美感，让人能够从中有美的享受。文案要从审美角度上出发，让广告具有格调美和意境美，让消费者审美心理得到满足，从而刺激消费者的消费欲望。

（4）效益性。文案要达到经济效益与社会效益的统一效果，二者是和谐统一的关系。

（5）整体性。广告文案与其他部分的协调和融合，形成一个统一体。

四、广告文案的内容和结构

广告文案是由标题、正文、口号、随文组成。

（一）标题

标题在于吸引人们对广告的注目，留下印象，引起人们对广告的兴趣。只有当受众对标语产生兴趣时，才会阅读正文。广告标语的设计形式有：情报式，问答式、祈使式、新闻式、口号式、暗示式、提醒式等。广告标语撰写时要语言简明扼要，易懂易记，传递清楚，新颖个性，句子中的文字数量一般掌握在 12 个字以内为宜。

广告文案还可以有副标题：它是广告方案的补充部分，有一个点睛的作用。主要表现在对标题的补充及让人感觉，前面的不懂，在这里全部让人了解。

（二）正文

广告正文是对产品及服务，以客观的事实、具体的说明，来增加消费者的了解与认识，以理服人。广告正文撰写使内容要实事求是，通俗易懂。不论采用何种题材式样，都要抓住主要的信息来叙述，言简易明。在广告设计中，文案与图案图形同等重要，图形具有前期的冲击力，广告文案具有较深的影响力。广告文案的写作要求有较强的应用写作的能力。

（三）口号

口号是战略性的语言，目的是经过反复和相同的表现，以便名域其他企业精神的不同，使消费者掌握商品或服务的个性。这以成为推广商品不可或缺的要素。广告口号常有的形式：联想式、比喻式、许诺式、推理式、赞扬式、命令式。广告口号的撰写要注意简洁明了、语言明确、独创有趣、便于记忆、易读上口。

（四）随文

随文又称广告附文、广告尾文。它是广告正文之后向受众传送企业名称、地址、购买商品或接受服务的方法的附加性文字，是正文之后必要的说明，要求绝对准确、清晰、易记。

拓展训练

- 写出 10 条你认为经典的广告语。
- 哪些广告文案影响了你的消费行为？
- 试创作一篇广告文案。

任务四　营销策划方案写作

学习目标

在掌握营销策划方案的内容和结构的基础上，能够为公司企业起草营销策划方案。

任务导入

实地采访一家企业的产品，为该产品定一份广告策划书。要求结构完整，语言简洁，条理清楚，操作性强。

范文阅读

“×××”的营销策划书

×××凉茶是中国凉茶的领军品牌，是广东凉茶文化的代表。凉茶是广东、广西地区的一种由中草药熬制，具有清热去湿等功效的“药茶”。在众多老字号凉茶中，又以×××最为著名。×××凉茶发明于清道光年间，至今已有 175 年，被公认为凉茶始祖，有“药茶王”之称。到了近代，×××凉茶更随着华人的足迹遍及世界各地。

市场分析

一、营销环境分析

（一）饮料市场概况

1. 市场规模

饮料市场规模在不断增大，消费者最近两年喝饮料的数量有所增加，饮料市场容量在不断的扩大，整个饮料行业市场前景看好。据有关数据显示，在1999年至2002年的饮料市场的黄金成长期间，老牌瓶装水和碳酸水饮料增势日疲，已连续两个年度负增长；新的功能饮料和茶饮料近两年增幅趋稳，稳中有升；增势最为明显的还要数果汁饮料。

2. 市场构成

饮品市场有碳酸饮料、瓶装饮用水、茶饮料，以及果汁饮料四大品类。

3. 市场热点

功能性饮料将热卖饮料市场，随着我国城市居民生活水平的不断提高，人们对饮料的消费需求也发生了明显的变化。喝饮料不再仅仅是为了解渴，而希望饮料能提供如降火、美容、补充人体中必需的微量元素和健身等附加的一些保健功能。具有特定功能的饮料将会成为今后饮料行业中又一个重要的细分市场。

（二）营销环境分析的总结

1. 劣势与威胁

（1）最大威胁和挑战主要是来自跨国饮料品牌的鲸吞蚕食和本土饮料品牌之间的同质化竞争，同质化竞争态势不仅表现在产品的同质化，也表现为广告塑造品牌形象的同质化，从而无法有效形成品牌个性和实现市场区隔。

（2）品牌竞争的白热化、品牌消费的集中化以及经营理念的滞后性等因素更是成为制约企业发展的"瓶颈"。

（3）品牌集中度：混合型果汁最高，水/茶饮料最低；

（4）我国本土饮料企业大都实行分散经营，规模一般比较小；区域性饮料品牌比较多，真正在全国饮料市场上有影响的名牌产品屈指可数。

2. 优势与机会

（1）本土饮料企业发展初具规模并以其知名品牌获得消费者喜爱

（2）消费者需求多元化为饮料新产品开发提供广阔的市场空间

随着社会的进步和生活水平的不断提高，消费者开始更多关注自我发展，主要表现为对饮料产品的营养成分以及是否天然健康、绿色环保和时尚品位等更高层面的心理需求。

（3）日益细分化的消费群体为饮料企业开展目标营销提供机会

不同饮料群体有着不同的饮料消费需求，这些差异表现在对口味、品牌、价格、包装、促销和广告风格等一切消费者接触产品及信息的领域，高度细分化的市场为饮料企业进行市场拓展提供无限空间。

3. 重点问题

体现红色×××的独特价值，建立先进的品牌经营理念和规范的运作模式。

二、消费者分析

（一）消费者的总体消费态势

（1）有1/4的消费者表示最近两年喝饮料的数量基本上没有变化，仅有少量消费者最近两年喝饮料的数量减少了，表明有近1/2的消费者喝饮料的数量在增加，饮料市场容量在不断的扩大，整个饮料行业市场前景看好。

（2）根据市场调查分析看出，喝功能性饮料的消费者越来越多，而喝碳酸饮料和水饮料的消费者将会逐渐减少。

（二）消费者行为分析

在影响饮料购买的众多因素中，"口味好"排名最高，比例超过50%以上。可见，口味是影响消费群体购买的最重要因素。其次，价格的影响也不容忽视，被列为影响购买的第二大因素。同时，品牌知名度、保质期、购买方便也成为人们购买时普遍考虑的较重因素，另外，广告影响也相当重要,美国健康部调查显示包装对购买也有一定的吸引力。

三、产品分析

（一）现有饮料产品分析

现有饮料产品的不足:

调查显示，现有饮料产品的不足主要有:

（1）产品太多，分不清好坏;

（2）共性太强,项目策划，个性太少;

（3）品牌杂乱;

（4）营养成分缺乏;

（5）碳酸饮料太多;

（6）补充体力的饮料很少;

（7）功能单一。

（二）产品生命周期分析

各种饮料类型在市场所处阶段不同，市场空间和拓展策略也表现很大差异。碳酸饮料已经进入产品成熟期，品牌集中度非常高，企业可以通过扩大分销渠道和市场覆盖率来实现效益增长；果汁饮料和茶饮料均还处于产品成长期，市场空间仍然很大。现在很多地方的茶饮料消费还属于培育期，相信市场前景非常广阔。同时一些新兴成长的饮料类型，比如保健和运动功能性饮料等也有望成为下一个饮料业经济增长点，目前市场上这类饮料还没有主打产品，消费需求也呈现出明显的增长态势。

（三）产品的品牌分析

品牌格局日益多元，国外品牌以可口可乐和百事可乐为主，国内品牌以娃哈哈、康师傅、统一三大品牌为主。以茶饮料为例，康师傅、统一之后，娃哈哈及众多二线品牌仍然在主流大潮中获得收益。品牌集中度在碳酸饮料和混合型果汁最高，而水/茶饮料最低。

四、企业竞争状况分析

（一）企业在竞争中的地位

×××集团是一家以中国香港特别行政区为基地的大型专业饮料生产企业，1995 年推出第一罐红色罐装“×××”，1999 年以外资形式在中国广东省东莞市长安镇设立生产基地。在取得“×××”的品牌经营权之后，其红色×××饮料的销售业绩连续六七年都处于不温不火的状态当中。

（二）企业的竞争对手

国内竞争对手：娃哈哈、康师傅、统一、黄振龙凉茶等

国外竞争对手：可口可乐、百事可乐等

（三）企业与竞争对手的比较

1. 机会与威胁

机会：在研究消费者对竞争对手的看法中，发现红色×××的直接竞争对手，例如，菊花茶、清凉茶等由于缺乏品牌推广，仅仅是低价渗透市场，并未占据“预防上火”的饮料的定位。而可乐、茶饮料、果汁饮料、水等明显不具备“预防上火”的功能，仅仅是间接的竞争者。

威胁：在两广以外，人们并没有凉茶的概念，而且，内地的消费者“降火”的需求已经被填补，大多是通过服用牛黄解毒片之类的药物来解决。作凉茶困难重重，做饮料同样危机四伏。如果放眼到整个饮料行业，以可口可乐、百事可乐为代表的碳酸饮料，以康师傅、统一为代表的茶饮料、果汁饮料更是处在难以撼动的市场领先地位。

2．优势与劣势

优势：在众多老字号凉茶中，以×××最为著名。×××凉茶发明于清道光年间，至今已有175年，被公认为凉茶始祖，有“药茶王”之称，到了近代，×××凉茶更随着华人的足迹遍及世界各地。

劣势：红色×××受品牌名所累，并不能很顺利地让广东人接受它作为一种可以经常饮用的饮料。而在另一个主要销售区域浙南，消费者将“红色×××”与康师傅茶、旺仔牛奶等饮料相提并论，作为当地最畅销的产品，企业担心，红色×××可能会成为来去匆匆的时尚。

主要问题点：×××的核心问题是没有品牌定位。

问题诊断与目标市场选择

一、企业问题诊断

（一）企业原来市场观点的分析与评价

广东×××饮料有限公司在取得“×××”的品牌经营权之后，其红色×××饮料的销售业绩连续六七年都处于不温不火的状态当中。企业希望通过拍广告来改变现状，用以促进销售。对于这种状况，企业的这种做法属于短视的战略。

（二）企业营销存在的主要问题

（1）现有消费者对其存在认知混乱；

（2）无法走出广东、浙南，其他地方消费者对凉茶存在认知困难；

（3）企业宣传概念模糊。

（三）问题存在的关键原因

企业没有明确的品牌定位。

二、营销目标

（一）战略目标

红色×××是作为一个“功能饮料”，购买红色×××真实动机是用于“预防上火”；品牌定位——“预防上火的饮料”，其独特的价值在于——喝红色×××能预防上火，让消费者无忧地尽情享受生活。

（二）营销目标

红色×××是在“饮料”行业中竞争，其竞争对手应是其他饮料；选用了消费者认为日常生活中最易上火的五个场景：吃火锅、通宵看球赛、吃油炸食品薯条、烧烤和夏日阳光浴，进行宣传与销售，特别开拓餐饮场所，在一批酒楼打造旗舰店的形象。

（三）财务目标

扩大消费者的需求，迅速地拉动产品的销售。

三、目标市场策略

（一）市场细分

碳酸饮料：以可口可乐、百事可乐为代表；

茶饮料、果汁饮料：以康师傅、统一、汇源为代表；

功能性饮料：以菊花茶、清凉茶等为代表；

（二）目标市场选择

企业的产品归属在饮料行业中，其直接的竞争行业是“功能性饮料”。

（三）市场定位战略

1. 市场创意与定位

品牌重新的定位在“预防上火的饮料”，其竞争对手是其他饮料，产品应在“饮料”行业中竞争，其自身独特的价值在于——喝红色×××能预防上火，让消费者无忧地尽情享受生活（煎炸、香辣美食、烧烤、通宵达旦看足球……）

2. 市场定位战略

（1）走出广东、浙南。由于“上火”是一个全国普遍性的中医概念，而不再像“凉茶”那样局限于两广地区，这就为红色×××走向全国彻底扫除了障碍。

（2）形成独特区隔。“预防上火的饮料”品牌定位的准确与新颖，使产品曾相互矛盾的双重身份得到完全有机的结合。使产品和竞争者能有效地区分开来。肯德基已将×××作为中国的特色产品，确定为其餐厅现场销售的饮品。

（3）将产品的劣势转化为优势。① 淡淡的中药味，成功转变为“预防上火”的有力支撑；② 3.5 元的零售价格，因为“预防上火的功能”，不再“高不可攀”；③ “×××”的品牌名、悠久的历史，成为预防上火“正宗”的最好的证明。

（4）利于×××企业与国内×××药业合作。

（四）市场创意战略

1. 创意构成与要点

（1）电视广告选用消费者认为日常生活中最易上火的五个场景：吃火锅、通宵看球、吃油炸食品薯条、烧烤和夏日阳光浴，画面中人们在开心享受上述活动的同时，纷纷畅饮红色×××。

（2）结合时尚、动感十足的广告歌反复吟唱“不用害怕什么，尽情享受生活，怕上火，喝×××”，促使消费者在吃火锅、烧烤时，自然联想到红色×××，从而导致购买。

（3）宣传主要突出×××是“预防上火的饮料”，其独特的价值在于——喝红色×××能预防上火，让消费者无忧地尽情享受生活。

2. 创意应用与说明

主要运用广告传播，其包括中央电视台和当地的强势传媒，也注重开发多种的宣传渠道。

明确了品牌要在消费者心智中占据什么地位而进行了定位，接下来的重要工作就是要推广品牌，让它真正地进入人心，让大家都知道品牌的定位，从而持久、有力地影响消费者的购买决策。

红色×××的电视媒体选择从一开始就主要锁定覆盖全国的中央电视台，并结合原有销售区域（广东、浙南）的强势地方媒体，在 2003 年短短几个月，一举投入 4000 多万元，销量迅速提升。同年 11 月，企业乘胜追击，再斥巨资购买了中央电视台 2004 年黄金广告时段。正是这种急风暴雨式的投放方式保证了红色王老吉在短期内迅速进入人们的头脑，给人们一个深刻的印象，并迅速红遍了全国大江南北。

营销组合策略

一、产品策略

×××产品定位为一个功能饮料，×××的作用就是“预防上火”，这就避免红色×××

与以可口可乐、百事可乐为代表的碳酸饮料和以康师傅、统一为代表的茶饮料、果汁饮料等国内外饮料巨头产品的直接竞争，形成独特区隔，相比较而言，红色×××的“凉茶始祖”身份、神秘中草药配方、175 年的历史等，显然是有能力占据“预防上火的饮料”。而且红色×××的直接竞争对手，例如菊花茶、清凉茶等由于缺乏品牌推广，仅仅是低价渗透市场，并未占据“预防上火”的饮料的定位。

二、品牌策略

品牌定位——“预防上火的饮料”，其独特的价值在于——喝红色×××能预防上火，让消费者无忧地尽情享受生活：煎炸、香辣美食、烧烤、通宵达旦看足球……

红色×××顺应现有消费者的认知而且没有与之冲突。

“开创新品类”永远是品牌定位的首选。一个品牌如果能够将自己定位为与强势对手所不同的选择，其广告只要传达出新品类信息就行了，而效果往往是惊人的。红色×××作为第一个预防上火的饮料推向市场，使人们通过它知道和接受了这种新饮料，最终红色×××就成为预防上火的饮料的代表，随着品类的成长，自然拥有最大的收益。

三、定价策略

×××进行了成功的产品定位和品牌定位后，3.5 元的零售价格，因为“预防上火的功能”，不再“高不可攀”。

四、关系策略

（一）处理好与内地×××药业的关系

正由于红色×××定位在功能饮料，区别于×××药业的“药品”、“凉茶”，因此能更好促成两家合作共建“×××”品牌。目前两家企业已共同出资拍摄一部讲述创始人×××行医的电视连续剧——《药侠×××》。

（二）处理好与消费者的关系

在频频的促销活动中，同样注意了围绕“怕上火，喝×××”这一主题进行。如最近一次促销活动，×××公司举行了“炎夏消暑×××，绿水青山任我行”刮刮卡活动。消费者刮中“炎夏消暑×××”字样，可获得欧洲当地避暑胜地门票两张，并可在当地度假村免费住宿 2 天。这样的促销，既达到了即时促销的目的，又有力地支持巩固了红色×××“预防上火的饮料”的品牌定位。

（三）处理好与中间商的关系

同时，在针对中间商的促销活动中，×××除了继续巩固传统渠道的“×××销售精英俱乐部”外，还充分考虑了如何加强餐饮渠道的开拓与控制，推行“火锅店铺市”与“合作酒店”的计划，选择主要的火锅店、酒楼作为“×××诚意合作店”，投入资金与他们共同进行节假日的促销活动。由于给商家提供了实惠，红色×××迅速进入餐饮渠道，成为主要推荐饮品，同时×××可以根据现场的特点布置多种实用、有效的终端物料。在提升销量的同时，餐饮渠道业已成为广告传播的重要场所。

营销活动的效果预测和监控

（一）营销效果的预测

通过营销活动迅速地提升企业产品的销量，实现企业巨大的利润，形成品牌的新形象，利于拓展自身在全国范围内的市场，最终实现自身的品牌定位。

（二）营销效果的监控

2003 年红色×××的销售额比去年同期增长了近 4 倍，由 2002 年的 1 亿多元猛增至 6 亿，并以迅雷不及掩耳之势迅猛冲出广东。2008 年，尽管企业不断扩大产能，但仍供不应求，订单如雪片般纷至沓来，全年销量突破 100 亿元。同时，百事可乐旗下的企业肯德基，已将×××作为中国的特色产品，确定为其餐厅现场销售的饮品，这是中国大陆目前唯一进入肯德基连锁的中国品牌。

2002 年，×××饮料年销量 1.8 亿元；

2003 年，6 亿元；

2004 年，近 15 亿元；

2005 年　25 亿元（含盒装）；

2006 年　约 40 亿元（含盒装）；

2007 年　约 90 亿元（含盒装）；

2008 年　约 120 亿元（含盒装）。

……

这种大张旗鼓、诉求直观明确“怕上火，喝×××”的广告运动，直击消费者需求，及时迅速地拉动了销售；同时，随着品牌推广的进行，消费者的认知不断加强，逐渐为品牌建立起独特而长期的定位——真正建立起品牌。

必需知识

一、什么是营销策划方案

营销策划的任务是如何使企业在市场营销中获得利润，能否成功地进行营销策划，是企业经营成败的关键。而在市场营销中，把策划过程用文字完整地书写出来，就是营销策划方案。

二、营销策划方案的内容和结构

（一）封面

营销策划方案的封面可提供以下信息：

（1）策划书的名称。

（2）被策划的客户。

（3）策划机构或策划人的名称。

（4）策划完成日期及本策划适用时间段。

（5）编号。

（二）前言

前言或序言是营销策划方案正式内容前的情况说明部分，内容应简明扼要，最多不要超过 500 字，让人一目了然。其内容主要是：

（1）本次策划的重要性与必要性。

（2）营销策划的概况，即营销策划的过程及达到的目的。

（三）目录

目录的内容也是策划方案的重要部分。封面引人注目，前言使人开始感兴趣，那么，目录就务必让人读后了解策划的全貌。目录具有与标题相同的作用，同时也应使阅读者能方便地查寻营销策划书的内容。

（四）概要提示

阅读者应能够通过概要提示大致理解策划内容的要点。概要提示的撰写同样要求简明扼要，篇幅不能过长，一般控制在一页纸内。另外，概要提示不是简单地把策划内容予以列举，而是要单独成一个系统，因此其遣词造句等都要仔细斟酌，要起到一滴水见大海的效果。

（五）正文

正文是营销策划书中最重要的部分，具体包括以下几方面内容:

1. 营销策划的目的

营销策划目的部分主要是对本次营销策划所要实现的目标进行全面描述，它是本次营销策划活动的原因和动力。这一部分使整个方案的目标方向非常明确、突出。

2. 市场状况分析

着重分析以下因素：

（1）宏观环境分析。着重对与本次营销活动相关的宏观环境进行分析，包括政治、经济、文化、法律、科技等。

（2）产品分析。主要分析本产品的优势、劣势、在同类产品中的竞争力、在消费者心目中的地位、在市场上的销售力等。

（3）竞争者分析。分析本企业主要竞争者的有关情况，包括竞争产品的优势、劣势，竞争产品营销状况，竞争企业整体情况等。

（4）消费者分析。对产品消费对象的年龄、性别、职业、消费习惯、文化层次等进行分析。

以上市场状况的分析是在市场调研取得第一手资料的基础上进行的。

3. 市场机会与问题分析

营销方案是对市场机会的把握和策略的运用，因此分析市场机会就成了营销策划的关键只要找准了市场机会，策划就成功了一半。

（1）营销现状分析。对企业产品的现行营销状况进行具体分析，找出营销中存在的具体问题点，并深人分析其原因。

（2）市场机会分析。根据前面提出的问题，分析企业及产品在市场中的机会点，为营销方案的出台做准备。

4. 确定具体行销方案

针对营销中问题点和机会点的分析，提出达到营销目标的具体行销方案。行销方案主要由市场定位和 4P's 组合两部分组成，具体体现两个主要问题：

（1）本产品的市场定位是什么?

（2）本产品的 4P's 组合具体是怎样的?具体的产品方案、价格方案、分销方案和促销方案是怎样的?

（六）预算

这一部分记载的是整个营销方案推进过程中的费用投入，包括营销过程中的总费用、阶段费用、项目费用等，其原则是以较少投入获得最优效果。用列表的方法标出营销费用也是经常被运用的，其优点是醒目易读。

（七）进度表

把策划活动起止全部过程拟成时间表，具体到何日何时要做什么都标注清楚，作为策划进行过程中的控制与检查。进度表应尽量简化，在一张纸上拟出。

（八）人员分配及场地

此项内容应说明具体营销策划活动中各个人员负责的具体事项及所需物品和场地的落实情况。

（九）结束语

结束语在整个策划书中可有可无，主要起到与前言的呼应作用，使策划书有一个圆满的结束，不致使人感到太突然。

（十）附录

附录的作用在于提供策划客观性的证明。因此，凡是有助于阅读者对策划内容理解、信任的资料都可以考虑列入附录。但是，可列可不列的资料还是以不列为宜，这样可以更加突出重点。附录的另一种形式是提供原始资料，例如：消费者问卷的样本、座谈会原始照片等图像资料。附录也要标明顺序，以便阅读者查找。

拓展训练

以 3～5 人小组为单位，实地采访一家企业的产品，为该产品写一份营销策划书。要求分工合作完成，策划书结构完整、语言简洁、条理清楚、操作性强。

任务五　招投标书写作

学习目标

通过学习招投标书的内容和结构，能够独立完成起草招投标书。

任务导入

你所在的学校需要建一个高标准的现代篮球场，请你为学校拟写一个招标书。

范文阅读

范文一

××矿业集团有限公司水处理设备招标书

××矿业集团有限公司（简称××矿业）三矿地面用水需进行处理，现拟对水处理设备进行招标，具体要求如下：

一、招标内容

1. 工程地点：××矿业集团有限公司三矿。

2. 工程项目：矿井水处理设备（详见附件）。

二、投标要求：投标押金

1. 投标押金 1 000 元整（壹仟元整），于投递标书前交至××矿业集团财务部，凭押金收据方有资格投递标书，收据应于开标时携带出示。

2. 投标押金说明：未中标者，押金于开标当日退还；中标单位于签合同后第一次付款时返还。办理投标押金手续请到××矿业企管部。

三、投标说明

1. 投标文件内容:

(1)报价单:按照招标方附件一要求,填写附件二。

(2)所报产品应为符合国标的产品,提供所报产品的检测报告、合格证等有关验收资料。

(3)质量服务及售后承诺。

2. 资格证明包括以下一些文件:

(1)营业执照复印件。

(2)税务登记证复印件。

(3)法人代表授权书。

(4)投标方代表本人的身份证(复印件)

3. 投标文件应放置于密封袋内,封口处须有法人代表或授权代表的签字及投标单位公章。封皮上写明招标项目名称,投票方名称。标书一式四份,概不退还。

4. 投标文件的递交:投标单位须在 2012 年 3 月 9 日上午 9:00 前送到××矿业有限公司企管部。

5. 开标时间:2012 年 3 月 15 日上午 9:00

6. 开标地点:××矿业办公楼二楼会议室。

四、要求:

设备含配套管路联接闸阀,含调试费及水质化验检验费;不含电器材料,不含安装费;货到工地(××矿业三矿压风机房处,卸车由××矿业负责)价格。在满足需方需要的参数前提下必须标明所报价设备的具体型号、技术参数、后期运行维护费用(不含电费、水泵维护费)。

中标方结算需提供 17%的增值税发票。

五、开标及评标

1. 开标由招标方主持,投标方派代表参加。

2. 公开唱标。

3. 评标:招标方进行综合比较,当日评出中标单位。

××矿业集团有限公司

二〇一二年三月三日

范文二

投　标　书

致:××公司(业主名称)

一、研究了招标工程的现场以及工程的投票人须知、图纸、合同条款、技术规范和工程量清单后,我方愿意以人民币××万元的总造价,按上述图纸、合同条款、技术规范以及工程量清单的要求,承担上述全部工程的施工任务。

二、如果贵方愿意接受我方投标,于开工日前,我方要求上述金额的××%预付款,余款在工程验收合格后足额支付。

三、如果贵方接受我方投标,我方保证在接到工程开工令后,在投标书附件规定的期限内开工,并在投标书规定期限内完成并交付合同规定的全部工程。

四、如果贵方接受我方投标,我方将按照贵方认可的条件,以投标书中规定的金额,取得履行合同担保书或保证书。

五、我方同意在从规定的递交标书之日起六个日历月内遵守本投标。在该期限期满之前，本投标对我方始终有约束力，并随时被接受。

六、在正式合同协议制定和签署之前，本投标书连同贵方的中标通知书应成为约束贵方、我方的合同。

七、我方随同本投标书，缴纳保证金人民币××万元。如果我方在上述六个日历月内撤回投标书，或没有签署正式合同，或未能在收到上述书面中标通知书后的28天内提供履行合同保证金，贵方不负担我方的任何投票费用。

二〇一二年三月十八日

投标者（用正楷字书写）

投标者（或其法人代表）签名：×××

投标书签署日期：××××年×月×日

投标者通讯地址（用正楷字书写）：××××××××××××

电话：××××××××

传真：××××××××

必需知识

一、什么是标书和招投标书

标书是招标书和投标书的统称，是为了适应经济活动中招标、投标的需要，按照一定格式和要求编制成的一种经济法律文书。

招标和投标是一种依法定程序进行的公开的竞争性经济行为，是国内外经济活动中常用的一种交易形式。为购买大宗商品或发包建设工程项目，公开发布标准和条件等以招标公告的形式对外公布，招人承包或承买，然后根据投标书择优，称为招标。愿意接受招标者的条件和要求，向招标单位申请承买或承包并报价，称为投标。通过招投标方式，可以在较大范围内选择到比较合适的合作伙伴，也可以签订比较理想的合同。

二、招标投标书的特点

（一）竞争性

招标文书是招标者利用投标者之间的竞争从而达到优选投标者的告知性文书；投标文书是投标者为了中标而按照招标者的要求，向招标者表明合作意愿并提供备选方案的说明性材料，投标书的编制和提出，就是一个比实力、比信誉、比策略的竞争过程。因此，不管是招标文书还是投标文书，都应突出其竞争性。

（二）公开性

招标、投标、开标、评标、决标、中标，直至签订中标合同等一系列环节，都是公开进行的，而且都要接受行政主管部门或其他有关机构的监督，招标、投标文书一经提出，但应当能够公开发布、公开审阅、公开评判。

（三）简明性

招标、投标文书对项目的有关情况，包括数量、质量、方法、步骤、时间、地点等，都必须写得既全面、具体，又简洁、明了，既不能有任何遗漏，又不能过于繁琐。另外，表述要做到直截了当、通俗易懂。

三、招标投标书的种类

因类型和结构不同可分为：招标公告、招标邀请通知书、招标章程、招标单位要求、投票企业须知、招标技术质量要求书、中标通知书等。

（1）按形式分。可分为：文字式投标书和表格式投标书。其中格式投标书的表格格式往往由招标人设计制订，其具体内容则由各竞标单位研究填写。而文字式标书由投标人根据招标人的条件和要求，以文章的形式将自己的竞标方案表达出来。实际运用中，表格式投标书更为常用。

（2）按投标使用对象划分。可分为：生产经营性投标书、技术投标书、生活投标书。

四、招标投标书的内容和结构

（一）招标书的内容和结构

（1）标题。招标文书的标题应对招标的中心内容进行概括和提炼。主要有以下几种形式：

① 性标题。其写法是单位加事由加方式，例如：《立恒实业集团公司黄白路高层住宅建筑工程承包招标公告》。

② 不完全性标题。其写法是单位加文种。例如：《××公司招标公告》。或者只是写文种，例如：《招标公告》。

（2）正文。

① 前言。主要交代招标人此次招标的目的、根据、项目名称等。文字应准确精炼，简明扼要。

② 主体。主要包括如下内容：招标方式、招标范围、招标程序、招标内容、招标过程以及其他事项。

（3）结尾。结尾是招标书的一个必要组成部分，要详细而具体地写清楚招标单位（或承办事项的单位）的名称、地址、电话、传真、邮编、E-mail 以及联系人等。

（二）投标文书的写法

（1）标题。一般由投标项目、文种、落款三部分构成。例如：《××宿舍建筑工程投标书》。也可直接以“标书”或“投标书”作为标题。

（2）正文。由引言和主体组成。

① 引言。这部分主要用于介绍投标单位的有关情况。如：单位名称、法人代表、隶属关系、营业执照及资格证书、单位目前人员结构、固定资产、流动资金、设备、技术力量、单位生产经营业绩等。要求简明扼要，突出重点。

② 主体。这部分主要应根据不同类型的投标书，具体写明完成招标文件并提出任务的方法、步骤等。如工程项目承包投标书主要写以下内容：标书综合说明、标价、工程质量达到的等级和保证质量、安全的主要措施、工程进程安排、主要施工方法和选用的施工设备等。

③ 落款。写明投标单位的名称、负责人、投标日期等内容。

拓展训练

- 某大学拟修建图书馆楼，现请你拟写一份招标书。
- 请你对应第 1 题拟定一份投标书。

任务六 起草经济合同

学习目标

通过学习起草经济合同，能够独立完成起草经济合同的任务。

任务导入

你所在的学校需要建一个高标准的现代篮球场，请你为学校拟写一个招标书。

范文阅读

买卖合同

卖方：成都市××机床厂（以下简称甲方）

买方：株洲市××商场（以下简称乙方）

经双方充分协商，签订本合同，以资共同遵守。

一、标的："海洋"牌洗衣机，型号规格为 XpB20-3

二、数量和金额：总共壹仟台，每台单价为壹仟零玖拾伍元整，总计金额壹佰零玖万伍仟元整。

三、交货日期：2009 年 7 月 15 日交 300 台，四季度交 200 台，2010 年第一季度交 200 台，二季度交 300 台。

四、产品质量标准：按有关部门颁布的质量标准。

五、产品原材料来源：由甲方解决。

六、产品验收方法：乙方按质量标准验收。

七、产品包装要求：用硬纸箱包装。

八、交（提）货方法、地点及运费：由甲方铁路运输到株洲市火车站，运费由乙方负责。

九、货款结算方法：通过银行托收，验货承付。

十、经济责任：按《中华人民共和国合同法》第 17 条第 2 款规定："供方必须对产品的质量和包装负责，提供据以验收的必要的技术资料或实样。"因产品数量短少，不符合规定，甲方必须偿付乙方不能交货部分总值的 5%的罚金；因包装不符合要求造成的货物损失，由甲方负责赔偿；交货日期违约，比如银行延期付款的规定，每延期 1 天，按延期交货部分总值的 0.03%偿付乙方。如果乙方半途退货，由乙方偿付退货部分货款总值 5%的罚金；乙方延期付款，比照银行延期付款规定偿付甲方罚金。

十一、非人力抗拒的原因造成不能履行合同时，经双方协商和合同签证机关查明证实，可免于承担经济责任。

十二、本合同自签订之日起生效，任何一方不得擅自修改或终止。

十三、本合同正本两份，甲乙双方各执一份；副本四份，甲乙双方业务主管部门、签订机关、银行各执一份。

十四、本合同有效期到 2011 年 6 月 30 日。

卖方：（甲方）　　　　买方（乙方）签证机关

成都市：××机床厂　　　　株洲市××商场××××

代表人：×××（章）
电话：（略）
开户银行：（略）
账号：（略）
地址：（略）

代表人：×××（章）、
电话：（略）
开户银行：（略）
账号：（略）
地址：（略）

××××年×月×日

必需知识

一、什么是经济合同

经济合同是由双方或多方当事人为了实现各自的经济目的，按照法律规定，在平等互利、协商一致的原则下，明确各自的权利和义务而共同订立和遵守的具有经济关系的协议。

1999年10月1日起实行的《中华人民共和国合同法》明确规定："合同是平等主体的自然人、法人、其他组织之间设立、变更、终止民事权利义务关系的协议"。经济合同的签字和执行，必须按新的《合同法》的规定：当事人的法律地位平等；当事人享有自愿订立合同的权利；当事人应遵循公平原则确定各自的权利和义务；当事人行使权利履行义务应遵循诚实信用原则。

二、经济合同的作用

（一）有利于保护当事人的合法权益

《合同法》第一条："为了保护合同当事人的合法权益，维护社会经济秩序，促进社会主义现代化建设，制定本法。"通过签订合同，可以明确当事人之间的权利义务关系，合同签订以后，双方就要严格履行合同中约定的义务并享受合同中约定的权利。

（二）有利于规范市场交易活动，维护社会经济秩序

市场经济社会是合同社会，合同得到了执行，社会的经济生活就能够正常地运转，社会经济也就发展了，也就前进了，这是市场经济的本质所决定的。

（三）促进经济效益提高

合同的签订，以法律形式确定了当事人的权利和义务，这就有利于促进当事人加强经济核算，搞好经营管理，提高质量，降低消耗，增强竞争力，以取得较高经济效益。

三、经济合同的特点

（一）合法性

经济合同是当事人各方按法律要求达成的协议，签订之后就具有法律效力，受到法律的承认和保护，所以合同各方当事人和合同的内容都应具有合法的资格。

（二）规范性

经济合同有必备的条款和惯用的格式，在签订的时候，要注意规范，不能有随意性。

（三）约束性

经济合同是当事人各方在经济交往中为明确各自权利义务而制订的具有约束力的协议，如

果依法成立，即具有法律的约束力，任何一方不得违约，否则就要承担法律责任。

（四）平等性

当事人是为实现一定的经济目的订立合同，双方的法律地位是平等的，是一种平等互利的伙伴关系，任何一方不得将自己的意志强加给另一方，必须遵守平等互利协商一致的原则。

（五）明确性

经济合同的条款内容十分明确，在订立合同时，当事人各方一定要注意双方权利、义务及违约责任的明确，否则极易产生合同纠纷。

（六）严密性

经济合同的语言表达必须严密准确，不能模棱两可，含糊不清，字、词、句甚至标点都要仔细斟酌，避免因疏忽或不当造成不必要的经济损失和纠纷。

四、经济合同的分类

（1）按合同形式分。有口头经济合同和书面经济合同。口头合同一般多用于可即时清结、数额不大的任意性经济交往中；书面合同多用于不能即时清结，内容较复杂，数额较大的经济往来中。书面合同在格式上又有条文式和表格式两种。

（2）按合同的有效期限分，有长期合同、短期合同、年度合同、季度合同等. 凡期限在一年以上的均为长期合同。

（3）按合同成立的程序分，有承诺合同和实践合同。凡双方意思表示一致，合同即告成立的，叫承诺合同。例如，购销合同、建筑工程承包合同等。凡双方达成协议后，还须交付标的才能成立的合同，叫实践合同，例如借款合同，保管合同，运输合同等。

（4）按国际关系分，有国内合同与涉外合同。

五、经济合同的内容和结构

经济合同一般由以下四部分组成。

（一）标题

写明合同的性质，应具体明确。写在道行正中，字迹要醒目。内容由合同的性质、文种组成，例如：《借贷合同》。

（二）立合同双方单位、名称或姓名

在标题之下，分行写签订合同双方的名称。合同签约各方的名称应为全称，为方便地表述，可在各方前或后注明“甲方”、“乙方”或“供方”、“需方”。

（三）正文

正文是合同的主体内容，通常包括开头、主体、结尾三个部分。

1. 开头

用简明的语言说明签订合同的目的或依据。大体内容和习惯用语一般是“为了××（目的），经双方（或多方）协商，签订本合同，以便于共同遵守履行”等。

2. 主体

即合同的具体内容和条款。合同法规定的条款内容包括以下几项斟酌内容。

（1）标的。即订立合同双方权利和义务共同指向的对象。任何种类的合同都必须有明确的标的。标的不明确，合同就无法履行。

（2）数量、质量。标的的数量必须标注明确具体，标的的质量及要达到的标准应具体规范。

（3）价款或酬金。价款是根据经济合同取得标的物的一方当事人向另一方当事人支付的代价；酬金是根据经济合同取得劳务的一方当事人向对方当事人支付的报酬。这两项内容体现了《经济合同法》规定的合同必须贯彻的等价有偿原则。

（4）履行的期限、地点和方式。这是保证经济合同的权利和义务正确履行的必备条件。合同中不仅不能缺少，而且应写得具体明确。这三项内容是合同中具有重要意义的条款，是关系到合同能否全面而正确地履行的重要依据。没有这三项内容，合同就无法执行。

（5）违约责任。这是对不按照合同规定履行义务的制裁措施，即当事人所应承担的经济责任和法律责任，是维护当事人合法权利的保证。

（6）其他必备条款。指根据法律规定或按合同性质必须具备的条款，以及当事人一方要求必须规定的条款。

3. 结尾

写明合同的有效期限、合同人数及保存的方式。

（四）落款

写明双方或多方单位全称及代表人姓名、签名、盖章，签订合同的日期以及双方电话、账号、开户银行、地址等。

拓展训练

根据所学知识：

- 找到《中华人民共和国合同法》，并阅读。
- 查找相关资料，熟悉经济合同的内容和结构。
- 根据下面的材料（可扩充），写一份服装加工承揽合同。

春江服装厂为天津市××中学加工520套中学生校服，其中男生校服为：白衬衫（长袖），蓝裤子；女生校服为：白短袖衬衣，蓝裙子。男女校服各分四种规格，分别是：小号、中号、大号、特大号。数量分别是：小号男式48套，女式57套；中号男式189套，女式132套；大号男式51套，女式26套，特大号男式13套，女式4套。每套价格平均为40元整，厂方在签约后20日内设计出校服样品（三种）供校方选择。布料由厂方提供，经校方同意后使用。全部校服在合同签订后3个月内加工完毕并交付校方。校方在选定面料和校服样品后的3天内，先付出全部费用1/4给厂方，收到全部服装后的10天内付清余款，如有质量问题应在5天内提出，由厂家返工或另做。厂方若延期交货，每逾期1天，按迟交服装总价的1%计算支付违约金给校方；学校在选定面料和式样后，不得改变，否则赔偿厂方全部实际损失，另外以1/4的预定金作为违约金偿付厂方。

第三单元 艺术设计类应用文

艺术设计类应用文是指艺术设计从业人员在解决实际设计工作问题时所用到的各种专业应用文，包括客户诉求分析报告、设计理念文本、设计策划方案、设计说明等。艺术设计类应用文主要用于交流沟通、业务洽谈、设计成果推介等活动中，为设计师确定设计方案，宣传推广设计成果起着重要作用。

任务一　客户诉求分析报告写作

学习目标

能够对客户的诉求进行准确、全面和深入的分析，撰写表述准确并符合客户实际需求的客户诉求分析报告。

任务导入

根据客户要求完成客户诉求分析报告，要求内容完整，条理清晰，格式规范，表达准确。

范文阅读

咖啡厅客户诉求分析报告

设计项目名称：咖啡厅室内装修及装饰设计

一、客户资料：

王明（化名），男，50岁左右，大学学历，某公司总经理，爱好艺术、轻音乐、绘画及禅宗文化。

二、项目详细介绍：

1. 地理位置：位于××市光华中路38号科技大楼一楼

2. 项目基本情况：咖啡厅总面积约257平方米，全框架混凝土结构。

三、设计项目需求分析

1. 客户诉求：

① 投资金额预算：95万元左右；

② 咖啡厅顾客群定位：30至 50岁之间的成功人士；

③ 装修风格倾向：法式田园风格；

④ 装修档次要求：中高档；

⑤ 各项功能要求齐全完备；

⑥ 要求符合消防安全。

2. 客户诉求分析

（1）高品质。从王先生对咖啡厅的投资金额和其项目消费人群来看，意在打造一个能为成功人士进行商务洽谈、聚会、休闲、交流的高品质咖啡厅。

（2）高品位。王先生对恬淡、朴实、自然的法式田园生活向往已久，因此希望能营造一个使生活在城市喧嚣的人们身体得到放松、心灵得到休憩的高品位空间，让身在其中的每一位顾客都能感受到浪漫的法兰西风情。

（3）高效率沟通。新古典主义法式田园风格有着法式独特的自然清新和普罗旺斯的浪漫，所以我们将会全力打造出一家惬意、轻松、自然又不失品位的咖啡厅，让顾客在这样的环境里能拉近彼此的距离，创造一个良好的沟通氛围，让工作与情感交流更加高效、融洽。

分析人：×××

××××年××月××日

必需知识

一、客户诉求分析报告的作用

客户诉求分析报告是设计师进行设计的重要参考资料，有助于设计师了解客户的真实需求，设计出符合客户实际需求的作品。

二、客户诉求分析报告的内容和格式

（一）标题

标题可以直接以“客户诉求分析报告”作为标题，也可以写明设计项目。

（二）前言

前言包括设计项目名称和客户资料。

1. 设计项目名称

设计项目名称应写全称，而不要写容易让人误解的简称。

2. 客户资料

客户资料应力求具体详细，如果是企业应包括企业名称、性质；如果是个人，则应包括姓名、性别、年龄、职业、爱好甚至身高、体重等。

（三）主体

客户诉求分析报告的主体包括客户诉求内容、客户诉求分析和结论、设计建议三个部分。

1. 客户诉求内容

将客户诉求内容分为几个方面分别介绍，例如：经费预算、风格要求、色彩要求、材质要求、功能要求等。

2. 客户诉求分析和结论

以客户诉求内容为基础，结合设计师的现场观察、其他调查及经验等信息，对客户的诉求进行深层次的分析，从多角度挖掘客户的显性需求和潜在需求，分别归纳出结论。

3．设计建议

在对客户诉求进行分析的基础上，提出相应的设计建议。

（四）落款

写明分析人及时间。

三、客户诉求分析报告的写作注意事项

（一）客户诉求内容应完整准确

诉求内容是客户诉求分析报告的写作基础，要求作者在与客户交流沟通的过程中，注意聆听，保证完整准确地记录客户的所有诉求。

（二）分析应有针对性

客户诉求分析报告中的分析部分是针对客户的原始诉求及相关信息进行的分析，目的在于进一步了解客户的潜在需求。在写作中应就事论事，无需将设计想法等内容加进来。

（三）注重调查

为了对客户的潜在需求进行深入的分析和研究，应运用多种方法对客户进行调查，力争充分掌握客户的有效信息。

拓展训练

阅读以下短文，找出文中存在的问题。

××职业技术学院电视广告设计客户诉求分析报告

××职业技术学院是一所以人文、管理、经济等多专业门类兼备的办公全日制普通高等院校。为了加大学校在全国各地的影响力，加深与高中应届毕业生和家长对学校的了解。特此，需制作一整套以宣传学校优势。传播职业技术学院独特人文特色的多媒体宣传短片。

对于建立这样一套校园多媒体宣传短片，其目的是为了吸引学生和家长的关注。扩大学校的影响范围。提升学校的知名度。要求短片内容贴合校园实际情况，内容简洁精练，以最短的时间和最少的画面，尽可能多的展现学院风貌。以独特的角度出发，尽可能给观众留下深刻印象。

多角度、多层次、深刻画面。使学生和家长，对于学院拥有一个美好的印象。要求内容充实丰满，字里行间充分流露我院办学特色和上升态势，主流提升学院可信度，使观众从精神层面上建立良好形象。突出学校的特点和独特的风格，形式新颖，吸引人的眼球。

需注意的事项，校园多媒体宣传短片一般对前期摄影的要求比较高，难度也较高，可以在校内先行观察，把最能展现学校美的一面的镜头机位先定下来．另外还要考虑教师学生的日常教学与活动．简单来说　就是从学校的设施和师资力量等方面考虑入手。把想要的画面用文字表述出来，到分镜脚本需要注意格式了：从分镜头，到时间，到镜头的运动和镜头里表现的画面都要一一写清楚，画明白。

分析人：×××

××××年××月××日

任务二　设计理念文本写作

学习目标

结合客户诉求，能够撰写表述准确、简洁明了，具有一定文化内涵，具有文学性和艺术性的设计理念文本。

任务导入

针对自己的设方案提炼设计理念，并形成文本，要求表达准确，思路清晰，语言简洁优美。

范文阅读

水立方设计理念

这是一个关于水的建筑。水在泡沫形态下的微观分子结构经过数学的推演，被放大为建筑体的有机空间网架结构，从而成为了建筑本身。‘水立方’以一个纯净得无以复加的正方形，平静地表达对主场的礼让与尊重，与主体育场完整的圆形相得益彰。

必需知识

一、什么是设计理念

设计理念是设计师在空间作品构思过程中所确立的主导思想，它赋予作品文化内涵和风格特点。

好的设计理念至关重要，它不仅是设计的精髓所在，而且能令作品具有个性化、专业化和与众不同的效果。

二、设计理念的写作思路

（一）明确写作目的

设计理念是用概括的语言向他人介绍设计方案要达到的预期设计目标与效果，赋予设计以文化内涵，让客户了解预期设计成果的概况。

（二）确定写作内容

由于设计理念一般篇幅较短，内容也就比较简单，一般包括以下两个部分：

第一，设计要达到什么目的和效果。这一部分可以包括客户关注的内容，例如：实用方面、成本方面、环保方面的效果；以及设计师重视的有关审美效果、文化内涵等。

第二，如何达到预期目的和效果。写作重点是设计师将采用那些专业手段和方法达到设计目的和效果，体现设计的可操作性。

三、设计理念的写作技巧

（一）条理清晰

文字的条理性体现作者清晰的设计思路，条理清晰的设计理念及有助于帮助客户理解设计方向，又可以体现设计师较高的专业素质。

（二）了解设计理念的语言特点

设计理念的语言特点包括：

（1）准确。由于设计理念主要介绍预期设计效果，因此主要采用描述性的语言。在写作中，首先要求表达准确，词句表述严谨，让客户准确了解设计师所想。

（2）概括。设计前的介绍不可能具体，但语言应概括而有内容。

（3）简洁。语言简洁明了。

写作中常见语言问题：

（1）表述不准确。表现为用词不准确、出现病句等。

（2）语言零乱。没有对内容进行归纳，条理性较差。

（3）空洞无物。语言概括，但内容空洞，缺乏实际内容。

在设计理念写作中出现的语言问题将会使客户难以准确理解设计师的设计预期成果，甚至会产生误导，从而影响客户对设计方向的认可。

拓展训练

阅读短文，指出文中存在的问题。

酒吧设计理念

怀旧是一种缅怀过去的情怀，我们落脚到对南美本土文化的追寻。

怀旧上升为一种感悟人生的哲学，建筑是文化的符号，南美有机建筑是对南美本土文化的继承和发展，因此我们以南美有机建筑文化为依托进行元素的提取，力求打造一种让顾客缅怀过去从而感悟人生的休闲型酒吧。

任务三　拟写设计说明

学习目标

能够运用所学知识和方法，根据客户诉求，结合环境艺术设计作品定位，独立撰写体现设计精萃的设计说明，提高设计成果的竞争力。

任务导入

完成设计方案说明，要求语言简洁明了，内容完整，结构合理。

范文阅读

广西南宁青年公寓酒店设计说明

俯瞰南宁风貌，亲历城市生活。时代的进步蕴含着历史的沉淀，年代赋予了南宁这座西南部城市极其温婉，清爽的独特个性。通过深入了解南宁地域文化及人文精神的内涵，运用现代的设计理念，对其文化艺术精髓进行提炼和再创作，结合林业特色自然而有机的融入到酒店的空间设计中。

南宁作为绿城，在青年公寓的设计概念当中，我们将“绿城”的理念及元素倾注其中，赋予了它“碧玉妆成一树高”姿态，同时也符合林业的特质。贯穿整个设计主题，提取“树”的元素，将其应用到整个酒店设计中，以景观意境为线索，遵循“以人为本”的原则，运用轴线对称布局，采用点、线、面成景的方式，参照所处位置及不同功能分割空间，营造一个现代、生态、绿色、华贵而不失典雅的五星级酒店空间。此外室内整体设计与建筑外观紧密结合起来，通过形体和材质的搭配处理，使室内外浑然一体。

南宁又称凤凰城、五象城，是民族欢乐活力动感的文化之城。以壮族为主，民族文化缤纷灿烂。本案设计中把南宁的本土文化融入其中。象、凤凰、铜鼓、壮锦、壮族古文化等这些独特的地域文化元素成为空间艺术创作的源泉。

大堂整体空间旨在营造一种自然、生态的森林氛围，同时融入一些地域文化作为点缀。考虑“青年公寓”的性质及定位，运用“绿色”的元素结合现代设计理念，创造一个清新、温婉的酒店大堂空间意境。

大堂入口左侧为总服务台，总台背景为一长幅森林主题油画。总台上方洁白的水晶灯与天花叶脉纹路的树脂透光板营造一种恬静典雅的氛围。地面为以树干为原形演变而来的拼花。

南宁青年公寓酒店——SPA 接待厅

自然原木材质的充分的运用，加上天然壁布的背景墙，轻巧的吧台。简洁而不简单。这些都能让忙碌一天的顾客充分的放松身心，享受自由。包间的设计也秉承这一宗旨。又加上高档的石材浴池，豪华的淋浴设备。无不彰显顾客的尊贵。

南宁青年公寓酒店——酒吧

娱乐场所大胆的采用黑镜、金属、软包加上明亮高纯度的色彩创造出一个梦幻的娱乐氛围。

必需知识

一、什么是设计说明

设计说明对设计方案进行介绍、描述和解释，目的是让客户了解并认可设计方案，从而对设计成果进行成功推介。

二、设计说明的写作内容和结构

（一）项目概况介绍

（1）项目背景。例如：设计对象（建筑物）的情况，业主的设计要求等。

（2）有关的依据（适用的国家标准、行业标准、规范和地方法规等）。

（二）设计思路

（1）设计理念。提出设计追求的目标，包括追求的艺术效果、使用效果和设计特点等；确定设计内涵。

（2）设计构思。为实现上述目标已经采用的各种专业设计方法和手段。

（3）设计中应贯彻落实的重要原则。

（三）方案的优点、特点

（1）优点。介绍设计方案在设计上的长处，着重说明为满足业主的要求，设计师所运用的专业手段和方法；

（2）特点。介绍方案与众不同之处，体现设计方案的原创性和创新性；

（3）技术经济指标（技术指标如混响时间、人均容积、照度、视角和视距等，经济指标如总面积、分项面积和造价方面的问题等）。

拓展训练

小组实践活动：

- 分析设计理念文本与设计说明的异同；
- 用关键词分别归纳二者的异同；
- 对关键词按照重要程度排序；
- 在班级内对完成结果进行介绍。

第四单元 旅游类应用文

旅游应用文是旅游业从业人员在管理、经营、学习、生活中，处理各项公务和日常事务、交流信息、解决具体问题时经常使用的具有一定惯用格式的一种规范性的应用文体。它在旅游活动中起着传播、传递信息，处理日常工作的作用，同时起到了企业与企业、企业与游客之间的公共交际、宣传教育、沟通联系等实际作用。

任务一 景区景点介绍

学习目标

在掌握景点景区的写作方法和技巧的基础上，能按要求写介绍景点景区的文字。

任务导入

为某一景区写作景区介绍，要求内容完整，格式规范。

范文阅读

海上观音景点介绍

南山与观音，因缘殊胜。观音菩萨有十二心愿，其第二愿就是“愿长居南海”，故称南海观世音。南山据南海之滨，形似巨鳌，古称鳌山，有观音坐骑之相。琼州历来有观音出巡南海之说，观音菩萨在此寻声救苦，普渡众生之功德，童叟可颂。南山侧望之东瑁、西瑁二岛，相传为观音闻声救难时担土跌落而成。

1993 年，中国国务院宗教事务局、海南省人民政府正式批准兴建南山寺，并批准在南山寺前海中敬塑 108 米高的观音圣像。1999 年，农历九月十九日，南山隆重举行了“南山海上观音”敬造工程开工典礼。工程历时六载，于 2005 年 4 月 15 日建成，2005 年 4 月 24 日（农历三月十六日，准提菩萨诞辰日）举行盛大开光仪式。

南山海上观音圣像敬造工程因其规模宏伟、意义殊胜、佛理底蕴丰富，被誉为“世界级、世纪级”的佛事工程。像体为正观音的一体化三尊造型，宝相庄严，脚踏一百零八瓣莲花宝座，莲花座下为金刚台，金刚台内是面积达 15 000 平方米的圆通宝殿。金刚洲由长 280 米的普济桥与陆岸相连，并与面积达 60 000 平方米的观音广场及广场两侧主题公园，共同组成占地面积近

30 万平方米的“观音净苑”景区。

南海观音还充分运用高科技手法，组合运用声、光、电技术进行大型灯光夜景演示，充分展示了“佛光普照”、“踏海而来”等观音文化艺术效果。

必需知识

一、什么是景点景区

景点是由若干相关联的景物所构成、具有相对独立性和完整性，并具有审美特征的基本境域单元。

景区是根据风景资源类型、景观特征或游人观赏需求而将风景区划分成的一定用地范围。是拥有一定的自然资源，为旅客提供游览、观光、休闲、探险等服务。

二、景区、景点介绍的特点

（1）真实性。景点景区介绍的本质是说明文文体，是对自然景观和人文景观的客观说明，不能虚构。

（2）差异性。景点景区介绍的重点是在写出本地自然景观与人文景观不同于其他地方的独特之处。

（3）艺术性。将美的景观与美丽的语言相结合，在真实的基础上允许适当的艺术夸张与渲染。

三、景区景点介绍的种类

1．自然景观

是指自然界存在的、具有美学和科学价值以及旅游吸引功能和游览观赏价值的自然旅游资源所构成的自然风光景象。实际也就是大自然自身形成的自然风景。介绍自然景观时要依照下面顺序：

景区位置——地貌规模——风景特色——地位评价。

2．人文景观

人文景观是指旅游资源所特有的地方特色、民族风情和历史、文化等价值。人文景观带给游客的是形象美和意境美的统一，在很大程度上可反映出特殊的历史、地方、民族特色或一种异国、异地的特殊情调。介绍时可依以下顺序：

（1）地理位置。人文景观的具体位置。

（2）历史变迁。人文景观的始建年代、规模程式、经历变化、现今遗存。

（3）景观特色。人文景观的历史性的特色文化背景，蕴含的民俗风情及相关的历史人物。

（4）人文价值。人文景观所揭示的历史文化内涵和文物的存在价值及今天景观的文化地位和影响。

3．自然和人文综合景观

四、景区景点介绍的结构和写法

（一）概述景区

可以以位置开始，也可以以景观的价值特色导入，还可以从评价开始，总之，开头要精彩、巧妙，起到引导人们兴趣和旅游热情的作用。

（二）提炼技巧

人们认识不同，审美层次也有所不同，因此在景区介绍时，需要对景区、景点进行多方位、多层面的挖掘，寻找“人无我有，人有我新”的独特之处。

（三）巧妙结束

一般景区景点介绍有四种结束方法：总结式、畅想式、提升式、自然式，其实在写作中要灵活运用，有时要做全面总结，有时要畅想，激发游客兴趣，有时要挖掘内涵，提升景观的审美效果。

例如，对“承德丰宁奇松九龙松”的介绍：朋友们，刚才我们已经感受了九龙松山树呼应，长势奇特，有果无籽和独木成林的四奇，这“天下第一奇松”的美名送给这九龙松确实当之无愧。现在正值盛夏，晴空万里，其实，不同天气下的九龙松有着不同的景象。您看，现在阳光下的九龙松犹如苍龙叠翠；雨雾中的九龙松又如蛟龙出海；最美的就是白雪覆盖下的九龙松，大雪过后，身披树挂，九条粗大的枝干犹如九条玉龙乘云驾雾，非常壮观，曾有诗这样赞美：“翠云十丈一柱擎，老干虬枝腾九龙，千载奇松惊看客，最佳还待雪停时。”

拓展训练

- 思考你所在的地域有没有自然和人文相结合的综合景观？请列举几件。
- 请为熟悉的景区或景点写一段介绍性文字。

任务二　解说词写作

学习目标

掌握风景名胜解说词的写作格式及要求，能写简单的解说词。

任务导入

为校园的某处美丽风景写一篇简单的解说词。

范文阅读

《走遍中国——盐城》解说词之七：神奇的海滨湿地

盐城位于中国黄海的沿岸，这里有着漫长的海岸线。日复一日，盐城的渔民都伴随着风浪，收获着海产。而每天都会有来自空中的鸣叫打破他们单调的劳作。

在这片天空上，有着数不清的鸟类在上下翻飞，尽情翱翔。那跃动的身姿似乎在向人类宣告：这里是他们神圣的家园。而这神圣家园之所以存在，秘密就在于这片天空下面那广阔而神奇的海滨湿地。

盐城的海岸线内侧，有着大片的沿海滩涂，它绵延 500 多公里，面积达 4 500 多公顷。是中国海岸线上面积最大的一片海滨湿地。在这里各种生物相互依存。以自然的法则体现着多样性的景观，它是鸟类生存的王国。也是净化人类环境的一片绿洲。

走进湿地，在泥泞中跋涉异常艰难，也正是这个原因。除了湿地工作者以外，这里一向人迹罕至。湿地的泥沼涵养着大量的水分。由于是海洋生态与陆地生态的过渡区，潮涨潮落之际，造就了这里特有的生物链，也使海滨湿地成为生物多样性的温床。

鸟类的迁徙是自然界最引人注目的现象之一。世界上每年有几十亿只候鸟在秋冬季节离开他们的繁殖地，迁往更为适宜的栖息地越冬。

鸟类为什么要迁徙，至今还没有一个确切的答案。但是可以确定的是，候鸟迁徙的路线都相对固定。而最繁忙的迁徙线路上，各种类型的湿地也是最多的。因为在它们跨越国家甚至洲际的长距离飞行中，需要很多停歇的地方，而只有湿地才能给它提供丰富的给养。盐城便成为东北亚与澳大利亚候鸟迁徙的重要驿站。候鸟在湿地中得到了一个舒适的家园，它也由此成为了这个物竞天择的王国中的君主。

必需知识

一、什么是解说词

是一种配合实物或图片、录像、声音、幻灯等形象来说明、解释人物或事物的一种应用性文体。它通过对事物的准确描述、词语的渲染，来感染观众或听众，使其了解事物的来龙去脉和意义，收到宣传的效果。

二、解说词的分类

（1）风景名胜解说词。

（2）实物图片展览解说词。

（3）影视新闻记录片解说词。

三、解说词的特点

（一）真实性

解说词是对具体客观的事物的简单介绍，一定要符合实际，不能虚构。

（二）明确性

解说词是配合实物或图画的文字说明，它既要便于讲解，又要便于观众一目了然。这就必须三言两语，用不多的文字把实物介绍给观众，使观众在观看实物或图画时，借助于简明的文字介绍，对实物或图画获得深刻的认识。

（三）有序性

解说词是按照实物陈列的顺序或画面推移的顺序编写的。由于陈列的各实物或各画面有相对的独立性，在解说词里，就应该段落分明，或用标题标明，或用空行表示。

四、解说词的写作格式

解说词一般包含标题、前言、主体、结语四个部分。

（1）标题。是解说事物的名称，例如《好山好水出奇石》（某奇石艺术展解说词）、《古龙山风景解说词》。

（2）前言。是概括介绍事物的名称、位置、价值、意义等，也有对游客表示欢迎的内容。

（3）主体。是对景区事物做具体解说。这一部分要抓住事物的本质特征，运用多种表达方式，使知识性与趣味性相结合。

（4）结语。总的感受，归纳主题。常有表示祝福、感谢的内容。

五、解说词的写作要求

（1）简括景物所在的地理位置、风貌特征等。

（2）抓特点。抓住被介绍对象的主要特征，深入挖掘景观的深层含义，突出景观的个性特色。

（3）要眉目清楚，深入浅出。解说词多是向不了解某一事物的人进行解说的，因此，必须眉目清楚。先说什么，后说什么，怎样说才便于理解，要通盘考虑。一般有由总到分、由上而下、由下而上、由远及近、由浅入深、由表及里等安排方法。

（4）要开拓听者的想象。解说词不仅有介绍、说明作用，还要有一定的感染力，要引起游客强烈的共鸣。解说词要表达强烈的感情，除了形象的语言外，还可以运用修辞手段，编制故事情节，并注意语言的音韵与节奏。

拓展训练

- 思考解说词的写作结构和要求是怎样的？
- 写一篇解说词，以导游的身份介绍家乡的一处风景名胜。

任务三　导游词写作

学习目标

在了解导游词的特点和作用的基础上，掌握导游词的写作结构和要求。

任务导入

按要求写作一篇规范的导游词。

范文阅读

峨眉十景之圣积晚钟

圣积寺，古名慈福院，位于峨眉城南2.5公里处，为入山第一大寺，环境清幽。寺外有古黄桷树二株，需数人才能合抱。铜钟原悬挂于寺内宝楼上，故名圣积铜钟，铸于明代嘉靖年间，由别传禅师募化、建造，此钟铜质坚固，重达12 500公斤，相传为四川省最大的一口铜钟。赵循伯编撰，于一九三五年出版的《峨眉山记载》：“其钟每于废历（即夏历）晦望二日之夕敲击……每一击，声可历一分五十秒。近闻之，声洪壮；远闻之，声韵澈；传夜静时可声闻金顶。”

1959 年，圣积寺废，钟搁置于道旁。1978 年，铜钟迁至报国寺对面的凤凰堡上，并建亭覆盖维护。凤凰堡上参天蔽日的苍杉翠柏，庄重典雅的八角攒尖钟亭，环绕四周有百余通碑刻的古碑林，与古朴凝重的巨钟浑然一体，融和了自然美与人文美，堪称一大景观。

峨眉十景之萝峰晴云

萝峰位于伏虎寺右侧，距之 0.5 公里，是伏虎山下的一座小山峦。萝峰草丰竹秀、涧谷环流，古楠耸翠，曲径通幽。

山峦上数百株古松苍劲挺拔、千姿百态，是峨眉山上少见的松树聚生地。山风吹过，阵阵松涛回荡在山谷之间。夏季雨后初晴时，烟云从涧谷袅袅升起，或从蓝空缓缓飘过，从密簇簇的松林中望去，轻盈婀娜，变化莫测，显示出峨眉云彩变幻的流动美。云从石上起，泉从石下落。奇妙景观，美不胜收。

罗峰庵，又名罗峰禅院，是一座雅致的小庙，于 1987 年 6 月重建。此庵翠竹掩映，桢楠蔽日，幽静典雅，绝尘脱俗，其门联曰：“一尘不染三千界，万法皆空十二因。”庵后为新建的和尚塔林，墓塔林立，庄严肃穆。峨眉山的高僧大德，都把萝峰作为圆寂后的长眠之地。

必需知识

一、什么是导游词

导游词是导游人员引导旅游者游览时所使用的一种旅游专业应用文体。它的作用是通过对游览对象的解说，向游客介绍相关知识，引导游客进行深入地了解和欣赏，从而获得物质和精神的高级享受，达到旅游活动最完美的境界。

二、导游词的特点

（1）实用性。要符合导游解说的需要和游客倾听的需要，要节奏和谐、朗朗上口，还要声声入耳，易于理解。

（2）知识性。导游词有传播知识的功能，以满足游客求知、求美、求奇的心理需求。自然景观和人文景观本身就是一本百科全书，旅游者可以从中学到各种历史文化、社会科学、自然和美学知识。优秀的导游词都具有丰富的知识性。

（3）艺术性。美丽的景观需要美丽的语言，精彩的导游词都具有艺术美，是旅游商品的形象说明书和生动广告，具有很强的诱惑力和感染力。

（4）条理性。导游词的结构要有序，对景观的介绍，或以时间为序，或以空间为序，或以逻辑关系为序。

（5）灵活性。导游词要随游客而变化，对文化层次高的旅游团，要注重知识性；对相对文化层次低的旅游团，要注重趣味性。总之，解说词要语随景变，灵活变通。

三、导游词的作用

（1）引导观光，沟通情感。

（2）宣传旅游，树立精品。

（3）推销产品，搞活经济。

四、导游词的结构和内容

一般包括标题、前言、后语、总说、分述、结尾几个部分。

（1）标题。是自然或人文景观的名称。

（2）前言。是导游员对游客表示热情欢迎、交代安排游览活动计划、提醒有关事项、联络情感营造良好氛围，向主题过渡的文字。它是对游览活动的一个很好铺垫。

（3）后语。后语是导游对游客进行真诚告别，对游览过程进行总结的话语。内容不固定，一般文字比较简洁。

（4）总说。总说部分是对游览对象陈述景观的概况和游览价值。包括游览地的总体概貌、旅游价值和地位、将要游览的主要内容和特色等等。

（5）分述。是导游词中对各部分景观进行分别陈述说明的部分，也是一篇导游词的主体部分。

写作这一部分，一般按照游览线路的先后次序、或者方位，对景观做出具体解说。由于各个景点的相对独立，所以写作时要有清晰的段落层次划分（也可用小标题显示），必要时要有过渡性语句进行衔接，免得有突兀感。

写作这一部分时，常常涉及一些具体的实物景观，一般要明确指明实物，说出其名称，必要时要做简单的解释说明。

（6）结尾。游览结束后对游览内容的总结，或对游客的合作表示感谢，或对游客表示祝福等。

拓展训练

- 以导游的身份模拟导游词的开头和结尾。
- 写一篇导游词，介绍家乡特有的景观。

第五单元 法律类应用文

法律类应用文书，简称法律文书，是指司法机关、行政机关、仲裁机构、公证机构、律师事务所以及自然人、法人和其他组织依法制作的用以处理各类诉讼案件和非诉讼法律事务的应用文书。

法律文书具有特定的法律效力，是实施法律、调整社会关系和规范人们行为的重要手段。

法律文书可分为诉讼法律文书与非诉讼法律文书两类。诉讼法律文书是指司法机关、各种诉讼案件的当事人及其他诉讼参加人所制作、使用的法律文书。主要有民事、行政、刑事诉讼案件中的原告（自诉人、上诉人、申诉人）向人民法院呈递的起诉状（自诉状、上诉状、申诉状），被告（被上诉人、被申诉人）向人民法院呈递的答辩状，诉讼代理人的代理词和刑事辩护人的辩护词，人民检察院的刑事起诉书和公诉词，人民法院的判决书和裁定书，等等。非诉讼法律文书是指人们在所有非诉讼活动中使用的法律文书。非诉讼法律文书种类繁多，较为常见的有授权委托书、仲裁申请书、行政复议申请书、民事调解书、商标注册申请书、收养协议书、离婚协议书、遗嘱、强制执行申请书、律师意见书，等等。

法律文书属于专业文书，要求写作者具有一定的法律知识修养和法律实务经验。但就某些诉讼、非诉讼法律文书来说，如果当事人了解与其所涉案件有关的法律规定，同时又具有一定的逻辑思维能力与写作能力，是可以写好这些法律文书的。

任务一　民事起诉状写作

学习目标

了解我国民事诉讼法律制度。了解《民事诉讼法》及有关司法解释对于民事起诉状基本内容的规定。掌握民事起诉状的写作规范。

任务导入

就你的家人或朋友与他人之间发生的民事纠纷，代为草拟民事起诉状。

范文阅读

民事起诉状

原告郧阳大觉××有限公司，住郧阳市高新园区软件园路 39 号 B 座 909 室。

法定代表人何伶俐（化名），董事长兼总经理。电话：（0719）699××××

诉讼代理人郑家容（化名），郧阳市××律师事务所律师。

被告郧阳飞鸿信息技术有限公司，住郧阳市××路38号A座505室。

法定代表人王滔（化名），董事长兼总经理。电话：（0719）600××××

被告张德军（化名），男，32岁，郧阳飞鸿××技术有限公司工程师。

被告郧通××有限公司，住郧阳市××路65号B座909室。电话：（0719）699××××

法定代表人李刚（化名），董事长兼总经理。电话：（0719）660××××

诉讼请求

1. 判令三被告立即停止对原告“××办公自动化系统”软件的侵权行为，并消除影响：第一被告立即销毁侵权软件及其源代码，停止销售侵权软件，撤销侵权软件著作权登记；第二被告销毁侵权软件及其源代码；第三被告立即停止使用侵权软件，并销毁侵权软件复制品。

2. 判令三被告连带赔偿原告因被侵权而造成的经济损失30万元以及原告为此而支付的合理开支 5 万元（包括律师费、鉴定费、查询费、公证费、差旅费、误工费、调查费等），共计人民币35万 元。

3. 判令被告承担本案诉讼费。

事实与理由

“××办公自动化系统”2.0版本系由原告2008年开发完成，原告拥有该软件完全知识产权。该软件产品自投入市场以来，以其强大功能获得了市场的广泛认可。

2009年4月，被告飞鸿公司销售部负责人宋子鱼（化名）与原告销售人员联系，拟购买原告开发的“大觉办公自动化系统”软件，进行 OEM 销售。原告销售人员与被告宋子鱼经过几次电话磋商后，被告公司董事长兼总经理王滔与销售部负责人宋子鱼于2009年6月一起来到原告公司进行考察，双方初步确定合作意向。

2009年6月，原告公司总经理何伶俐与销售人员来到被告飞鸿公司进行考察。应被告飞鸿公司邀请，原告来到郧通××公司演示原告的 OA 系统，并在郧通公司服务器安装了“××办公自动化系统”V2.0（试用版），此后郧通部分员工试用了该系统，原告公司技术人员根据郧通公司要求，对该软件作了程序上的修改。

此后，原告与飞鸿公司以电子邮件联系方式确定共同参与郧通公司办公自动化系统项目竞标的合作意向。2009年7月24日，被告飞鸿公司宋子鱼要求原告于7月31日到郧通公司参加该公司办公自动化项目竞标活动，并随后通过电子邮件发来相关招标书。原告总经理何伶俐与销售人员依约于8月1日来到郧通公司参加竞标。被告飞鸿公司要求原告以郧阳大智××有限公司（飞鸿公司幕后操纵的公司）参加竞标，并演示软件。

2009年8月中旬，被告飞鸿公司宋子鱼打来电话称已中标，要求原告将合作协议书打印出来盖章送至被告飞鸿公司。原告于当天将合作协议书盖章快递给被告飞鸿公司，可是被告飞鸿公司没有依约将合作协议书盖章后送达原告。之后，被告飞鸿公司找借口不按合作协议的规定履行有关义务。

2009年8月，原告发现郧通集团 OA 网站系统发布通知，称“即将启用新 OA 系统”，后来又发布公告通知在郧阳和武汉两地进行 OA 培训。之后，原告发现被告郧通集团已经启用原告的 OA 系统。

与此同时，原告发现被告飞鸿公司宋子鱼与原告公司技术部工程师张德军私下联系，并且宋子鱼找人通过 MSN 要求张德军到被告飞鸿公司武汉研究部去。张德军作为原告公司的软件开发工程师掌握着原告"大觉办公自动化系统"的全部源代码，张德军与被告飞鸿公司的私下联系行为让原告感觉到极不正常。2009 年 12 月张德军违约辞职投奔被告飞鸿公司。

2010 年初，被告飞鸿公司在 www.baidu.com 发布广告，销售盗版的大觉办公自动化系统，导致原告的正版软件销售额度大为减少。

原告派员至国家版权中心查询，发现被告飞鸿公司将原告享有完全知识产权的"大觉办公自动化系统"软件改头换面后进行软件著作权登记（登记号为 2004SR15877，软件简称为 Non-stop OA V4.0）。其登记备案的源代码几乎完全复制原告"大觉办公自动化系统"软件的源代码。

被告飞鸿公司与被告张德军私自联系，并通过张德军盗取原告上述软件源代码且进行软件著作权登记，二被告的行为共同构成对原告"大觉办公自动化系统"软件著作权的侵犯。被告郧通公司在招标购买过程中就明知该软件是原告开发并拥有完全知识产权的软件而飞鸿公司向其销售的是侵权软件，但依然购买和进行商业性使用，被告郧通公司的行为也侵犯了原告"××办公自动化系统"软件的著作权。

为维护原告的合法权益，依据我国的《民事诉讼法》、《著作权法》、《计算机软件保护条例》等相关法律法规，特向贵院提起诉讼，请求贵院依法判决。

证据和证据来源，证人姓名和住址

被告飞鸿公司与我公司签订的合作协议书原件，证明双方存在合作关系；被告飞鸿公司软件著作权登记信息资料由原告在国家版权中心网站下载并经公证，证明其涉嫌侵权；原告公司技术员樊光提供证言证明被告张德军与被告飞鸿公司宋子鱼私下联系；原告"××办公自动化系统"源代码文件与被告飞鸿公司盗版软件源代码文件，经郧阳市 IT 技术研究所鉴定，二者 99%的内容相同。证人樊光（化名），现住郧阳市东岳路 39 号。

此致

郧阳市武当区人民法院

具状人：郧阳大觉××有限公司

二〇一〇年四月六日

附：

1. 起诉状副本 3 份

2. 书证 21 份

必需知识

一、什么是民事起诉状

民事起诉状是民事诉讼案件中原告向人民法院提起民事诉讼，请求追究被告民事法律责任的一种书状。

在民事活动中，当事人（自然人、法人和其他组织）可能因相对或相关方的作为或不作为违约或侵权，致其合法权益受到损害或面临现实威胁，需要通过民事诉讼程序获得法律救济。根据我国《民事诉讼法》的有关规定，民事诉讼案件原告向人民法院提起民事诉讼，首先要向有管辖权的人民法院呈递民事起诉状。原告在民事起诉状中提出诉讼请求、陈述案件事实、列明有关证据并进行必要的事理、法理辨析，为法庭对民事案件的审理、判决或调解提供依据。

二、民事起诉状的结构与主要内容

民事起诉状由首部、正文、尾部及附项四部分组成。

（一）首部

首部除标题外，应写明原告、被告以及其他诉讼参与人的基本情况。

（1）原告是自然人的，写明原告姓名、性别、出生年月日、民族、籍贯、文化程度、职业和住址。原告有多个人时，须分别另起一行逐一写明其基本情况。

（2）原告为无行为能力人或限制行为能力人的，须另起一行写明法定代理人姓名及与原告的关系。

（3）原告是法人或者其他组织的，写明具体名称（全称）及住所地，并另起一行写明法定代表人姓名与职务。

（4）原告聘请了诉讼代理人的，另起一行写明诉讼代理人姓名、所属单位及职务。

（5）被告是自然人的，写明姓名、性别、出生年月日、民族、籍贯、文化程度、职业和住址。如果具状人不完全掌握被告上述情况，只须写明姓名、性别及大致年龄、住址即可。

（6）被告是法人或其他组织的，写明具体名称（全称）和法定代表人姓名及职务。

（二）正文

正文包括诉讼请求、事实和理由、证据及证据来源、证人姓名及其住址等。过去曾要求在“诉讼请求”一栏之前写明案由，现已无此要求。案由是人民法院对诉讼案件所涉及的法律关系的性质进行分析、判断后所确定的案件名称，通常需要通过法庭审理才可能确定并写入判决书。

（1）诉讼请求。诉讼请求指原告请求人民法院依法解决原告一方提出的有关民事权益争议的具体事项，如请求判令被告赔偿损失、返还财物、清偿债务、履行合同以及承担诉讼费用等。

（2）事实。事实指双方争议的具体事项。要求客观、清晰、准确地陈述争议事项的起因、经过、结果以及争议的焦点。

（3）理由。理由是指原告用以支持其诉讼请求或权利主张的事理与法律依据（法理）。

（4）证据。证据是指原告用以确证其所述案情之客观、真实的证明材料，如物证、书证、视听资料、证人证言等。要求原告在起诉状中列明其所持证据，说明证据来源，提供证人姓名和住址。

（三）尾部

在正文之后，另起一行写明致送机关名称，再另起一行于其右端签名或盖章，并在其下一行相同位置注明具状日期。

（四）附项

附项即民事起诉状的附加部分，包括起诉状副本份数（与被告人数相同）、证据材料件数等。

三、注意事项

（一）明确起诉原因

在社会生活实践中，人们常常因为对特定财产关系、人身关系、合同关系的具体认识存在误差或处理不周而产生争议，或者因为一方故意或过失导致另一方人身权、财产权受到侵害而发生纠纷。如果一方当事人选择法律途径解决争议或纠纷以维护其合法权益，则首先要通过民事起诉状明确告诉人民法院，其本人提起民事诉讼是因何种民事权益受到何种程度的侵害。

起诉的原因直接决定诉讼案件类型。明确了为什么要起诉的问题，才能有明确的诉讼目的并能获得原告所预期的诉讼结果。

（二）认真对照有关法律规定

一旦进入诉讼程序，法律就是唯一的是非判断标准。原告在起诉状及法庭辩论中所提出的诉讼理由，主要源于法律规定。如果原告在起诉状中提出的权利主张以及在法庭辩论中对于被告一方反驳的再反驳，仅有事实依据而无法律依据，通常很难赢得官司。因此，原告在提起诉讼之前，在草拟民事起诉状的时候，需要深入了解与案件有关的法律规定，包括实体与程序两个方面的法律规定，例如：《民法通则》、《民事诉讼法》及有关司法解释等。对于某些民事案件来说，如果法律并无明文规定，还需要从国家政策、习惯等非正式法律渊源中寻求法律依据。

附：《民事诉讼法》关于起诉、受理的主要规定：

第一百零八条规定：

起诉必须符合下列条件：

（一）原告是与本案有直接利害关系的公民、法人和其他组织；

（二）有明确的被告；

（三）有具体的诉讼请求、事实和理由；

（四）属于人民法院受理民事诉讼的范围和受诉人民法院管辖。

第一百一十条规定：

起诉状应当记明下列事项：

（一）当事人的姓名、性别、年龄、民族、职业、工作单位和住所，法人或者其他组织的名称、住所和法定代表人或者主要负责人的姓名、职务；

（二）诉讼请求和所根据的事实与理由；

（三）证据和证据来源，证人姓名和住所。

第一百一十条规定：

人民法院对符合本法第一百零八条的起诉，必须受理；对下列起诉，分情形，予以处理：

（一）依照行政诉讼法的规定，属于行政诉讼受案范围的，告知原告提起行政诉讼；

（二）依照法律规定，双方当事人对合同纠纷自愿达成书面仲裁协议向仲裁机构申请仲裁、不得向人民法院起诉的，告知原告向仲裁机构申请仲裁；

（三）依照法律规定，应当由其他机关处理的争议，告知原告向有关机关申请解决；

（四）对不属于本院管辖的案件，告知原告向有管辖权的人民法院起诉；

（五）对判决、裁定已经发生法律效力的案件，当事人又起诉的，告知原告按照申诉处理，但人民法院准许撤诉的裁定除外；

（六）依照法律规定，在一定期限内不得起诉的案件，在不得起诉的期限内起诉的，不予受理；

（七）判决不准离婚和调解和好的离婚案件，判决、调解维持收养关系的案件，没有新情况、新理由，原告在六个月内又起诉的，不予受理。

以上是《民事诉讼法》关于起诉、受理的三条主要规定，掌握和领会这三条法律规定，对于如何写好民事起诉状是十分重要的。

拓展训练

- 通读《民法通则》、《民事诉讼法》全文。
- 通过具体案例分析，深入了解民事诉讼活动的性质、特点及作用。

任务二　行政起诉状写作

学习目标

了解我国行政诉讼法律制度。掌握行政起诉状的写作规范。

任务导入

俞娅同学于暑假期间创办了一所面向农民工子弟的英语补习学校，因收费低廉又能保证教学质量，深受农民工子弟欢迎。但郧阳市教育局领导认为俞娅同学没有办理有关审批手续，属于非法办学，下令关闭补习学校和清退学生，并对俞娅同学处以行政罚款。俞娅同学表示不服，认为郧阳市教育局作出的具体行政行为侵犯了自己的合法权益。在多次申请行政复议无果后，俞娅同学准备向郧阳市武当区人民法院提起行政诉讼。请代为俞娅同学草拟行政起诉状。

范文阅读

行政起诉状

原告郧阳易居房地产有限公司，住郧阳市东岳路 38 号武当广场 A 座 909 室。

法定代表人郝二鹏（化名），董事长兼总经理。

诉讼代理人黄德钧（化名），郧阳市大路律师事务所律师。

被告郧阳市房地产管理局（化名），住郧阳市车城路 54 号。

法定代表人余大利，局长（化名）。

诉 讼 请 求

撤销郧房罚字 [2010]12 号《行政处罚决定书》。

事实与理由

我公司于 2009 年 1 月通过投标依法取得郧阳市汉水新区 101 号地块使用权，并于同年开始兴建名为“凤凰香郡”的住宅小区。2010 年 8 月 25 日，我公司向被告申请办理商品房预售登记，并于同年 9 月 1 日取得“凤凰香郡”住宅小区商品房预售许可证明。其后，我公司共预售商品房 20 218 平方米，并及时办理了商品房预售合同的登记备案手续。

2010 年 11 月 21 日，被告派员至我公司进行调查，认定我公司“凤凰香郡”小区商品房实际预售面积为 28 259 平方米，超出销售许可面积 8 041 平方米，并于次日即 11 月 22 日做出行政处罚决定，对我公司处以行政罚款 60 万元。

我公司在被告做出行政处罚决定后，对被告所认定并据以做出行政处罚决定的事实与法律依据以及相关程序提出质疑，要求被告尊重事实，慎重考虑，及时撤销或变更其行政处罚决定。但被告不予回应。2011 年 2 月，被告对我公司强制执行其行政处罚决定。

我公司曾于 2010 年 12 月至 2011 年 2 月，先后两次向郧阳市人民政府提出行政复议申请，但后者不予受理。故此，我们决定向人民法院提起行政诉讼，以维护我公司作为企业法人的合法权益。

作为原告，我们所主张的事实与理由如下：

首先，我公司实际预售面积为 20 329 平方米，超出销售许可面积仅 111 平方米（1 套房面积）。另有 7 930 平方米的商品房并未实际预售，而是以之为标的物，与部分团购客户草签了销售意向书，仅收取少许信用定金，并没有预收相应的购房款。显然，该行为不属于预售合同行为。因此，我们认为，被告认定的“事实”与实际存在的客观事实不符。

其次，根据《城市房地产开发经营管理条例》、《城市商品房预售管理办法》及《行政处罚法》第二十三条之规定，被告对我公司做出的行政罚款最高限额不得超过预收款的百分之一。我公司实际超出销售许可面积为 111 平方米，预收购房款为 555 000 元，被告依法对我公司处以罚款的最高限额应为 5 500 元。即使按被告认定的超出许可预售面积 7 930 平方米计算，该行政罚款也应少于 60 万元。被告在未查明具体事实的情况下即做出行政处罚决定，违反了《行政处罚法》第三十条之规定；在没有具体法律依据的情况下擅自提高行政处罚标准，违反了《行政处罚法》第三条之规定。

最后，被告针对我公司所进行的行政执法活动，在程序上违背了有关法律、行政法规的规定，主要表现为对我公司基于事实与法律所做出的有关陈述和自我辩护置之不理，并断然拒绝我公司提出的关于举行听证会的合法要求。我们认为，被告的行为剥夺了我公司作为行政管理相对人的陈述权、申辩权及要求听证权，违反了《行政处罚法》第六条、第三十二条、第四十二条之规定。

鉴于被告针对我公司所进行的行政执法在实体内容和程序上都存在违法情形，特请求人民法院依法撤销被告做出的郧房罚字 [2010] 12 号《行政处罚决定书》。

证据和证据来源　证人姓名和住址

商品房团购意向书原件 5 份。团购客户代表刘小东、王小刚（化名）、李小龙（化名）分别住郧阳市北京中路 38 号、江苏路 21 号、人民路 98 号。

此致

郧阳市长湾区人民法院

具状人：郧阳易居房地产有限公司

二〇一一年四月十二日

附：

1. 起诉状副本 1 份

2. 书证 5 份

必需知识

一、什么是行政起诉状

行政起诉状是公民、法人或者其他组织因不服行政机关的具体行政行为而向人民法院提起诉讼，请求解决有关行政争议的一种书状。

行政机关及其工作人员在行政管理活动中奉行依法行政原则，行政机关对行政管理相对人（公民、法人或者其他组织）所作出的任何具体行政行为（包括作为与不作为），必须有事实、法律依据，不得侵犯相对人的合法权益。实践中，由于执法水平低下或者部门利益驱动，行政机关及其工作人员所作出的具体行政行为可能违法，并有可能侵犯相对人的合法权益。根据我国宪法及行政诉讼法的有关规定，公民、法人或者其他组织认为行政机关及其工作人员的具体行政行为侵犯了自身的合法权益，有权寻求司法保护，向有管辖权的人民法院提起行政诉讼。只要原告提起的行政诉讼符合法定受理条件，人民法院就应当依法立案审理并作出判决。

二、行政起诉状的结构与主要内容

行政起诉状由首部、正文、尾部及附项四部分组成。

（一）首部

首部除标题外，应写明原告与被告以及其他诉讼参与人的基本情况。

（1）原告是自然人的，写明原告姓名、性别、出生年月日、民族、籍贯、文化程度、职业和住址。原告有多个人时，须分别另起一行逐一写明其基本情况。

（2）原告为无行为能力人或限制行为能力人的，须另起一行写明法定代理人姓名及其与原告的关系。

（3）原告是法人或者其他组织的，写明单位名称（全称）及住所地，并另起一行写明法定代表人姓名与职务。

（4）原告聘请了诉讼代理人的，另起一行写明诉讼代理人姓名、所属单位及职务。

（5）行政诉讼俗称“民告官”，故被告只能是行政机关（被告恒定原则）。“被告”一栏应写明被告作为行政机关的具体名称（全称）及住所地。行政机关可以是一级人民政府，也可以是政府工作部门。在行政诉讼中，法律授权组织视同行政机关，可以成为行政诉讼被告。此外，还须写明被告行政机关的法定代表人的姓名及职务。

（二）正文

正文部分包括诉讼请求、事实和理由、证据及证据来源、证人姓名和住址等。

（1）诉讼请求。行政诉讼请求是指原告请求人民法院依法解决具体行政行为的违法性问题时一并提出的有关具体事项。比如请求判决撤销被告作出的具体行政行为和/或判令被告重新作出具体行政行为，在被告不作为的情况下请求法庭判令被告在一定期限内履行其法定职责，在被告作出的行政处罚决定显示公正的情况下判决变更行政处罚决定。

（2）事实。事实是指双方争议的具体问题。要求清晰、准确地陈述争议事项的起因、经过、结果及争议的焦点。行政起诉状对案件事实的陈述，应侧重于被诉具体行政行为的违法情节及后果。

（3）理由。即原告用以支持其诉讼请求或权利主张的事理和有关法律依据。

（4）证据。证据指原告用来证明其所述案情之客观、真实的证明材料。行政诉讼法规定被告对其作出的具体行政行为负有举证责任，因此被告必须向法庭提供据以作出被诉具体行政行为的全部证据和所依据的规范性文件（被告不提供或者无正当理由逾期提供证据的，视为被诉具体行政行为没有相应的证据，其诉讼结果必然是败诉），原告只须提供可以证明被诉具体行政行为确系被告作出的证据，提供可以证明被诉具体行政行为导致原告合法权益受到何种侵害或现实威胁的具体证据。

（三）尾部

在正文之后，另起一行写明致送机关名称，然后再另起一行，于其右端签名或盖章，并在其下一行相同位置注明具状日期。

（四）附项

附项部分写明起诉状副本份数（与被告人数相同）、证据材料件数等。

三、注意事项

（一）明确起诉原因

公民、法人或者其他组织作为行政管理相对人，如果认为行政机关及其工作人员所作出的行政行为（作为与不作为）侵犯了自己的合法权益并决定向人民法院提起行政诉讼，首先要明确的问题是，为什么要以该行政机关为被告提起行政诉讼？该行政机关的何种具体行政行为侵犯了自身的合法权益？其违法性何在？

（二）了解相关法律规定

行政案件与民事、刑事案件一样，一旦进入法律诉讼程序，法律就是唯一的是非判断标准。原告在起诉状及法庭辩论中所提出的诉讼理由，除了事理就是法理。如果原告在起诉状中提出的权利主张以及在法庭辩论中对于被告一方反驳的再反驳，仅有事实而无法律依据，就很难赢得官司。因此，原告在提起诉讼之前，在草拟行政起诉状的时候，需要深入了解与特定行政案件有关的法律规定，包括实体与程序两个方面的规定。有关法律规定主要有《行政许可法》、《行政处罚法》、《治安管理处罚法》、《行政复议法》、《行政诉讼法》及有关司法解释。

附：《行政诉讼法》关于起诉、受理的主要规定：

第四十一条　提起诉讼应当符合下列条件：

（一）原告是认为具体行政行为侵犯其合法权益的公民、法人或者其他组织；

（二）有明确的被告；

（三）有具体的诉讼请求和事实根据；

（四）属于人民法院受案范围和受诉人民法院管辖。

第十一条　人民法院受理公民、法人和其他组织对下列具体行政行为不服提起的诉讼：

（一）对拘留、罚款、吊销许可证和执照、责令停产停业、没收财物等行政处罚不服的；

（二）对限制人身自由或者对财产的查封、扣押、冻结等行政强制措施不服的；

（三）认为行政机关侵犯法律规定的经营自主权的；

（四）认为符合法定条件申请行政机关颁发许可证和执照，行政机关拒绝颁发或者不予答复的；

（五）申请行政机关履行保护人身权、财产权的法定职责，行政机关拒绝履行或者不予答复的；

（六）认为行政机关没有依法发给抚恤金的；

（七）认为行政机关违法要求履行义务的；

（八）认为行政机关侵犯其他人身权、财产权的。

除前款规定外，人民法院受理法律、法规规定可以提起诉讼的其他行政案件。

第十二条　人民法院不受理公民、法人或者其他组织对下列事项提起的诉讼：

（一）国防、外交等国家行为；

（二）行政法规、规章或者行政机关制定、发布的具有普遍约束力的决定、命令；

（三）行政机关对行政机关工作人员的奖惩、任免等决定；

（四）法律规定由行政机关最终裁决的具体行政行为。

拓展训练

- 比较分析行政起诉状与民事起诉状主要内容之异同。
- 结合具体案例，系统了解《行政诉讼法》及有关司法解释关于行政诉讼起诉条件与受案范围的规定。

任务三　刑事自诉状写作

学习目标

了解我国刑事诉讼法律制度。了解《刑事诉讼法》及有关司法解释对于刑事自诉状基本内容的规定。掌握刑事起诉状的写作规范。

任务导入

假定你的某位亲友遭他人殴打致伤（轻伤），请你以受害人的名义（自诉人）代为草拟刑事自诉状。

范文阅读

刑事自诉状

自诉人刘小芳（化名），女，汉族，23岁，郧阳市芳县人，郧阳市××机械厂工人，住郧阳市××区老街65号1单元302室。

诉讼代理人张东平（化名），郧阳市××律师事务所律师。

被告人西门红（化名），男，汉族，25岁，云县人，郧阳市××机械厂工人，住郧阳市××区新街71号2单元401室。

诉讼请求

依法追究被告人刑事法律责任，判决被告人犯侮辱罪、诽谤罪。

事实和理由

自诉人刘小芳与被告人西门红均为郧阳市××机械厂第一车间工人，二人平时工作上有一些联系，但私人关系一般。被告人于 2012 年 2 月向自诉人投寄情书，要求建立恋爱关系，被自诉人婉拒。不久，被告人又连续两次向自诉人求爱，均被自诉人断然拒绝，自诉人告知被告人，自已有男友并已订婚。被告人自此怀恨在心，寻机报复。

被告人西门红于 2012 年 4 月 6 日上午 11 时许，在工厂食堂门前张贴小字报，通过小字报大肆诋毁自诉人人格、名誉，污蔑自诉人道德败坏，称自诉人与男友周洁伦（化名）恋爱是为了骗取周洁伦的钱财，并造谣说其亲眼见到自诉人与周洁伦刚认识几天就在公园乱搞男女关系，当场被公园保安人员抓住，受到罚款处理。该小字报引起众多群众长时间围观，影响极为恶劣。

2012 年 4 月 1 日下午，厂保卫科人员经调查了解，确认小字报为被告人所写和张贴，对其进行了严厉的批评。被告人当时接受批评，表示愿意在车间大会上向自诉人赔礼道歉。同日下午 5 时，被告人在全车间大会上做检查时，当众继续造谣，胡说小字报所说的都是事实，绝对可靠，还对自诉人破口大骂，再次公然侮辱诽谤自诉人。

自诉人有拒绝被告人求爱的自由权利，而被告人犯罪动机卑鄙，手段恶劣，情节严重，其行为触犯了《中华人民共和国刑法》第二百四十六条第 1 款之规定，已构成侮辱罪、诽谤罪，提请人民法院依法追究被告人的刑事责任。

证据和证据来源，证人姓名和住址

主要证据有被告人张贴的小字报影印件、记录群众围观情景的数码录像 U 盘、××机械厂保卫科的调查材料等。主要证人李国胜系××机械厂保卫科工作人员，现住郧阳市××路 25 号；证人范亮系××机械厂车间主任，住郧阳市××路 76 号 1 单元 606 室；证人陈新宇系××机械厂办公室秘书，住××机械厂集体宿舍 3 栋 801 室。

此致

茅剑区人民法院

自诉人：刘小芳

二〇一二年五月九日

附：

1. 本诉状副本 1 份；

2. 书证 3 份；

必需知识

一、什么是刑事自诉状

刑事自诉状是指在法律规定的刑事自诉案件中，由受害人具名，直接向人民法院控告犯罪嫌疑人或被告人，请求人民法院依法追究其刑事责任的一种书状。

刑事案件一般分为两类，一类属于公诉案件，一类属于自诉案件。前者由公安、国安或检察机关直接立案侦察，并由检察机关代表国家向人民法院提起刑事诉讼，指控犯罪嫌疑人或被告人涉嫌侵犯刑法所保护的社会关系，要求人民法院依法追究其刑事责任。后者指告诉才处理，由人民法院直接处理的轻微刑事案件。前者用于起诉的书状称为刑事起诉书，后者用于起诉的书状称为刑事自诉状。

二、刑事自诉状的结构与主要内容

刑事自诉状分为首部、正文、尾部和附项等四个部分。

（一）首部

首部除标题外，应写明自诉人以及诉讼代理人、被告人的姓名、性别、年龄，出生日期、民族、籍贯、职业、工作单位和职务、家庭住址、联系电话、邮政编码等。如果自诉人为无行为能力人或限制行为能力人的，应写明其法定代表人的姓名及与自诉人的关系。

（二）正文

正文部分包括诉讼请求、事实与理由、证据与证据来源、证人姓名及其住址等内容

（1）诉讼请求。写明被告人构成何种犯罪并要求人民法院依法追究其刑事责任。如提起附带民事诉讼，还应同时写明追究被告人民事赔偿责任及具体赔偿金额。

（2）事实与理由。如实陈述被告人对自诉人实施犯罪行为的具体事实，包括自诉人与被告人的关系，犯罪的时间、地点、动机、目的、手段、过程、结果以及犯罪后的表现等。在陈述案件事实之后，要严格对照有关法律条文，对案情进行系统分析，目的在于坐实被告人罪名，从而依法追究其刑事责任。

（3）证据和证据来源、证人姓名和住址。如实列举有关证据，并如实陈述证据来源，如实提供证人姓名及其地址。法庭调查阶段将对有关证据进行质证，需要通知证人出庭作证。

（三）尾部

结尾部分要写明刑事自诉状致送的人民法院名称，并由具状人签名或盖章，并写明起诉日期。

（四）附项

写明随刑事自诉状正本一并呈递的副本份数（与被告人数相同）、证明材料件数。

三、注意事项

（一）明确起诉原因

个人因他人的不法行为而受到侵害，但他人的行为是否构成犯罪？这是受害人首先要考虑的问题。如果他人行为依法不构成犯罪，则该案件属于一般民事侵权案件。比如一个人打伤了另一个人，经法医鉴定仅为轻微伤，则不属于犯罪行为，该案件应为一般民事侵权案件，受侵害的当事人可以通过民事诉讼程序获得法律救济。如果他人行为涉嫌刑事犯罪，则要确定该刑事案件是公诉案件还是自诉案件。比如一个人打伤了另一个人，经法医鉴定为重伤，则该打人行为依法构成犯罪，应由公安机关直接介入立案侦察并由检察机关向人民法院提起刑事诉讼。是为公诉案件。如果经法医鉴定为轻伤，且案情因果关系清楚，不需要立案侦察，则由受害人或其法定代理人自行决定是否追究犯罪嫌疑人的刑事责任。如果受害人决定向人民法院提起刑事诉讼，则该案件属于刑事自诉案件。刑事自诉案件主要包括轻伤害案、侮辱他人诽谤他人案、暴力干涉婚姻自由案、重婚案、破坏现役军人婚姻案、虐待家庭成员案、遗弃案。

草拟刑事自诉状时要考虑的第二个问题是，被告人对自诉人（受害人）具体实施了何种犯罪行为，其犯罪情节及结果如何。不同性质和类别的犯罪行为，其罪名及刑罚是不同的，审理

程序也可能有所不同。自诉人只有对这一问题有了正确的认识和结论，才能通过刑事诉讼程序依法追究被告人的刑事责任，实现预期的诉讼目标。

受害人直接提起刑事诉讼，除了请求人民法院依法追究被告人刑事责任之外，多数情况下还会提起附带民事诉讼，请求人民法院判令被告人承担民事赔偿责任（仅限于物质损害方面的民事赔偿责任）。这是草拟刑事自诉状时要考虑的第三个问题。附带民事诉讼部分的主要内容与写法与民事起诉状基本相同。

（二）了解相关法律规定

罪刑法定原则决定了自诉人在自诉状及法庭辩论中所提出的用以支持其诉讼请求的所有理由，只能源于刑法的明文规定。因此，自诉人在提起刑事诉讼之前，在草拟刑事自诉状的时候，需要深入了解与刑事自诉案件有关的法律规定，包括实体与程序两个方面的法律规定。

附1:《中华人民共和国刑事诉讼法》及有关司法解释关于刑事自诉案件范围及附带民事诉讼起诉条件的主要规定:

第一百七十条 自诉案件包括下列案件:

（一）告诉才处理的案件;

（二）被害人有证据证明的轻微刑事案件;

（三）被害人有证据证明对被告人侵犯自己人身、财产权利的行为应当依法追究刑事责任，而公安机关或者人民检察院不予追究被告人刑事责任的案件。

附2:《最高人民法院关于执行〈中华人民共和国刑事诉讼法〉若干问题的解释》关于附带民事诉讼的主要规定:

第八十八条 附带民事诉讼的起诉条件是:

（一）提起附带民事诉讼的原告人、法定代理人符合法定条件;

（二）有明确的被告人;

（三）有请求赔偿的具体要求和事实根据;

（四）被害人的物质损失是由被告人的犯罪行为造成的;

（五）属于人民法院受理附带民事诉讼的范围。

拓展训练

- 比较分析刑事自诉状、行政起诉状及民事起诉状之异同。
- 结合具体案例进一步了解有关刑事自诉案件的法律规定。

任务四 授权委托书写作

学习目标

了解民事委托代理及诉讼委托代理的法律性质及实务特点。掌握授权委托书的写作规范。

任务导入

假设你在淘宝网采购商品，网店通过快递交付标的物时以次充好，其行为已构成违约并使你蒙受较大经济损失。在与店主多次交涉无果后，你决定以该网店及店主为被告向被告所在地人民法院提起民事诉讼，请求判令被告重新按合同约定履行交付义务并赔偿经济损失。因为路途遥远，诸多不便，你需要聘请某律师担任你的诉讼代理人。请就这一授权委托代理事项草拟一份授权委托书。

范文阅读 1

民事代理授权委托书

委托人：王大刚（化名）　身份证号码：42030019680512××××　联系电话：139××××6866

受托人：李晓明（化名）　身份证号码：42031019801215××××　联系电话：135××××1738

兹就郧阳××证券股份有限公司清理工作组（以下简称“××证券清理组”）个人债权人申报登记债权事宜，委托人对受托人授权如下：

1. 授权受托人代理委托人向××证券清理工作组提交并接收申报债权的有关资料；

2. 授权受托人代理委托人根据《××证券股份有限公司债权登记公告》的规定办理向××证券清理工作组申报登记债权的其他事宜。

本授权委托书自委托人签字之日生效。

委托人（签字）：王大刚

受托人（签字）：李晓明

二〇一二年 九月一日

范文阅读 2

行政诉讼代理授权委托书

委托人汤本生（化名），男，46岁，武当市××厂职工，现住武当市南岩路28号。电话：139××××5302。

受托人姚继红（化名），女，武当××××学院教师，现住武当市南岩路 28 号。电话：185××××0655

兹就本人与武当市人民政府房屋拆迁纠纷一案，委托受托人姚继红女士作为本人行政诉讼代理人。

受托人姚继红的代理权限：全权代理，以本人名义代书行政起诉状并向武当市金顶区人民法院依法提起行政诉讼，代为承认、放弃、变更诉讼请求及提起上诉。

委托人（签名）：汤本生

委托人（签名）：姚继红

二〇一二年十月十日

必需知识

一、什么是授权委托书

授权委托书是指当事人为授予代理人以代理权而制作的法律文书。

具有法律意义的代理有两种，一种为民事代理，一种为诉讼代理。民事代理（不同于事务代理），是指代理人在代理权限范围内以被代理人名义与第三人建立某种民事法律关系，代为作出相应的意思表示，代为作出相应的民事行为，而其行为效果由被代理人承受。比如，张三委托李四购买某种商品，李四即以张三的名义与王五订立以该种商品为标的物的买卖合同，但合同权利义务主体之一仍为张三而非李四。无论合同最终结果如何，张三都应直接承受。张三是被代理人（又称"本人"），李四是代理人，王五是第三人（又称"相对人"）。诉讼代理是指代理人在其代理权限内，以其"诉讼代理人"名义参与民事、行政、刑事诉讼活动。由于诉讼代理具有高度专业性与规范性，代理人除了根据授权委托书所记明的委托事项和权限实施代理行为以维护被代理人的合法权益外，并不依附于被代理人的意志，因而可以为独立的意思表示。这是诉讼代理与民事代理的重要区别。

代理人与被代理人之间的关系属于代理的内部关系，因代理人赋有代理权而产生。代理人与第三人之间的关系则属于代理的外部关系，因代理人行使代理权即实施代理行为而产生。第三人与被代理人之间的关系也属于代理的外部关系，因代理人代理行为效果直接归属于被代理人而产生。

授权委托书的作用在于建立或确认代理的内部关系，严格规范代理行为从而有效控制代理的外部关系，实现被代理人的预期目标。

实践中比较常用的民事代理授权委托书主要有公司债务追讨授权委托书、个人债务追讨授权委托书、工程项目授权委托书、房屋买卖授权委托书等。诉讼代理授权委托书主要有民事诉讼代理授权委托书，行政诉讼代理授权委托书，刑事辩护授权委托书等。

二、授权委托书的结构与主要内容

授权委托书的结构简单、内容单一，一般写明委托人、受托人的基本情况以及委托事项和权限范围即可。

首部写明委托人、受托人的个人基本情况，主要包括委托人和受托人的姓名、性别、出生日期、职业、现住址等。如果委托人是法人的，则应写明法人的全称、地址、法定代表人姓名等。

正文部分写明委托事项和授权委托的权限范围。委托事项一定要写得具体、明确。应当注意的是，在民事代理中，代理人受托的事项具有法律意义，是能够产生一定法律后果的民事行为，但仅限于与财产和交易有关的民事行为。有些民事行为与人身关系密切相关，比如遗嘱、收养子女、婚姻登记等，当事人依法不得授权委托他人代理。

在民事代理中，委托人授予代理人代理权限范围有三种情况，一是一次委托，即代理人只能就受托的某一项具体事务实施某种民事法律行为；二是特别委托，即代理人受托在一定时期内连续反复实施同一类性质的民事法律行为；三是总委托，即代理人受托在一定时期内实施有关某类事务的多种民事法律行为。委托人要根据具体情况确定代理人代理权限范围。

最后是委托人签章和成文日期。

三、注意事项

草拟、签署授权委托书时应特别注意三点：一是授权方法有三种，分别为明示授权、默示授权、追认，应根据具体情况加以选择；二是委托时间要明确起与止的具体日期；三是特别授权委托的双方均为自然人的，该特别授权委托书应当办理公证，以确保委托行为的真实性与合法性。

拓展训练

- 结合具体案例分析代理人、被代理人及第三人之间的代理权利义务关系、代理行为关系及代理行为后果归属关系。
- 了解有关委托代理合同的法律规定。

任务五　仲裁申请书写作

学习目标

了解有关民事仲裁的法律规定。掌握仲裁申请书的写作规范。

任务导入

假设你身为郧阳市××贸易公司经理，不久前与武汉××贸易公司签订东风牌载重汽车零部件购销合同一份。合同文本载有仲裁条款。现在对方以你公司已经交付的货物质量不合格为由拒绝支付全部货款。请你以贵公司名义草拟一份商事仲裁申请书。

范文阅读

仲裁申请书

申请人郧阳市××贸易有限公司，住郧阳市北京中路39号B座

法定代表人卫××，男，董事长兼总经理。电话：（0999）6969×××××

委托代理人王××，湖北省××律师事务所律师

被申请人郧阳市××运输有限公司，住郧阳市天津路13号

法定代表人古××，男，董事长兼总经理。电话：（0999）6969×××××

仲裁要求

1. 被申请人立即向申请人支付货款560万元；
2. 被申请人向申请人赔偿经济损失费12万元；
3. 被申请人承担仲裁费。

事实与理由

被申请人××公司于2011年6月4日与我公司签订购销合同一份，采购我公司经销的商品车东风大力神260马力8X4 自卸车（DFL3311AXA）20辆。我公司已按合同约定的交货日期于当月12日交货，并经被申请人验收合格后签收。按合同约定，被申请人应于当月30日以前支付全部货款，但迟至今日分文未付。其间，被申请人曾声称部份商品车有质量问题，后又称部

分商品车不符合合同规定，要求退货，被我公司一一驳回。现被申请人又以运输市场有重大变化而致其资金紧张为由，拒绝支付全部货款。被申请人违约行为已造成我公司经营困难，许多经营项目因资金无法到位而造成巨大损失。根据《合同法》有关规定，被申请人应立即向我公司支付全部货款并赔偿损失。

基于上述情况，根据原合同中约定的仲裁条款，特申请郧阳市仲裁委员会予以仲裁。

证据和证据来源

丹江、××公司签订的商品车购销合同书；××载重车公司签发的商品车产品合格证书（复印件）；××公司签发的商品车验收单。

此致

郧阳市仲裁委员会

申请人（盖章）：郧阳市××贸易有限公司

二〇一二年四月一日

附：

1. 原合同书副本 1 份

2. 书证 22 份

必需知识

一、什么是仲裁申请书

仲裁申请书是指民事和商业活动中的一方当事人提请仲裁机构就已经发生的有关争议和纠纷进行审理并作出裁决的法律文书。

实践中，一方当事人同另一方当事人在双方权利义务关系问题上产生重大分歧，如果一方不能说服另一方，同时又不愿意妥协，则可以选择诉讼或仲裁途径解决有关争议和纠纷。由于诉讼费用高、周期长，人们更倾向于选择仲裁程序来解决有关民、商事争端。仲裁同样适用不告不理原则。因此，仲裁程序的启动，需要当事人一方向仲裁协议所指定的仲裁机构提出书面申请。申请人应在仲裁申请书中写明仲裁请求事项，具体陈述案件事实，列明有关证据并进行必要的事理及法理辨析，为仲裁庭对案件的审理和裁决提供重要依据。

二、仲裁申请书的结构与主要内容

仲裁申请书的主要内容与民事起诉状大体相当，主要包括当事人双方的基本情况、仲裁请求、有关事实和理由、证据来源和证人姓名及住址等。

仲裁申请书由首部、正文、尾部和附项等四个部分构成。

（一）首部

首部除标题外，主要有两项内容。其一是申请人的基本情况。申请人是自然人的，写明申请人的姓名、性别、年龄、职业、工作单位和住所；申请人是法人或者其他组织的，写明单位全称、住所地和法定代表人或者主要负责人的姓名、职务。如有委托代理人的，还应当写明委托代理人的姓名、单位、或者职业（如律师）。其二是被申请人的基本情况（具体内容同上）。

如果仲裁申请人或被申请人为两个或两个以上的，应依照上述内容一一写明。

（二）正文

正文部分包括仲裁请求及所依据的事实和理由。

（1）仲裁请求。仲裁请求是指申请人请求仲裁庭通过依法审理和裁决，解决申请人提出的有关民、商事权益争议的具体事项。例如，请求仲裁庭裁决被告赔偿损失、返还财物、清偿债务、履行合同以及承担仲裁费用等。仲裁请求要合情、合理、合法。

（2）事实。事实即双方争议的具体问题。要求清晰、准确地陈述争议事项的起因、经过、结果及争议的焦点。

（3）理由。理由即申请人用以支持其仲裁请求或其他权利主张的事理、法律依据。事理辨析要中肯、法律条文引用要准确。

（4）证据。证据即申请人用以确证其所述案情之客观、真实的证明材料，例如物证、书证、证人证言等。要求申请人在申请书中一一列举其所持证据，说明证据来源，提供证人姓名和住址。

（三）尾部

写明仲裁申请书致送的仲裁委员会名称，申请人签名盖章，注明提交仲裁申请的具体日期。

（四）附项

附项是仲裁申请书的附加部分，包括申请书副本份数（与被申请人数相同）、证据材料名称及件数等。

二、注意事项

首先，要确定在争议发生之前或之后双方当事人已达成仲裁协议。仲裁程序启动的前提条件是双方当事人已于一方提出仲裁申请之前达成仲裁协议。如果原合同中没有仲裁条款或仲裁条款无效，争议发生后双方也没有达成新的仲裁协议，则一方当事人提出的仲裁申请不会被仲裁机构受理。此外，仲裁协议的具体内容必须符合法律规定，否则无效。比如，在协议中约定同时选择诉讼与仲裁，或者同时指定两个以上仲裁机构，均违反了法律规定。前者自始无效，后者如果不及时作出唯一选择也同样无效。

其次，要准确分辨仲裁请求事项是否属于可仲裁范围。根据我国《仲裁法》的有关规定，平等主体的公民、法人和其他组织之间的合同纠纷和其他财产权益争议可以仲裁，属于仲裁机构依法受理的范围。但是与人身相关的民事纠纷不能申请仲裁。根据法律规定，婚姻、收养、监护、扶养、继承纠纷等，不能申请仲裁。此外，依法应由行政机关处理的行政争议，当事人也不得申请仲裁。

拓展训练

- 了解《仲裁法》及有关司法解释的重要条款。
- 掌握商事仲裁申请书、劳动争议仲裁申请书的文体特征及写作规范。

任务六　行政复议申请书写作

学习目标

了解行政复议的性质、特点、作用及有关法律规定。掌握行政复议申请书的写作规范。

任务导入

汪刚同学春节期间与爷爷、奶奶及小姨打麻将，四人约定，小和五元、大和十五元。牌局进行中，警察李某窗前经过，认定四人涉嫌聚众赌博，当场作出行政处罚决定，对四人分别处以五十元治安罚款。汪刚同学不服，决定向郧阳市公安局申请行政复议。请你以汪刚同学的名义，代为草拟行政复议申请书。

范文阅读

行政复议申请书

申请人冯丽娟（化名），女，36岁，汉族，××市政府办公室公务员，住××市北京中路38号。电话：139××××6119

委托代理人唐小苗（化名），男，38岁，汉族，××师范学院教师，住××市北京中路38号。电话：139××××1886

被申请人××市公安局交警分局，住××市朝阳西路911号。

法定代表人米克洪（化名），××市公安局交警分局局长。

行政复议请求事项

撤销编号为No:911××××的《湖北省公安交通管理简易程序处罚决定书》

事实与理由

2012年4月15日（星期日）中午11时10分许，本人将车牌号为鄂C 06×××0的标致408轿车停靠本市天津路与北京路十字路口拐角10米处临时接人上车。在即将驱车离开之际被郧阳市公安局交警分局警车（车牌号：鄂0 C×××1）拦下。一民警（警号为32×××××）未表明身份，直接问我："驾驶证，行车证，还有保险，有吗？"本人当即出示有关证件，该民警二话不说，拿了证件，转头就走。本人急忙上前询问理由，并说明要开车去外地处理紧急事务，希望取回证件。该民警这才表示本人违章停车需要交纳罚款。本人当即强烈表示立即驶离的意愿，并指出在这种情况下该民警应依法先对我本人进行警告，该民警却说警告不过来。此外，当本人指出附近另有一辆桑塔纳轿车违章停靠在十字路口南面约10米处，为何警察视而不见时，该民警回答：忒忙，管不过来。本人在百般争辩而不被理睬的情况下，只得交付罚款以取回证件。该民警及另两位民警（警号分别为911××××，911××××）未对本人所指的违章车进行干预即驱车离去。

以上所述事实有录音、录像为证。

申请人认为：

一、该民警的执法程序违反了2011年11月17日公安部部长会议通过并发布与施行的《道路交通安全违法行为处理程序规定》（以下简称为《规定》）第三条第3款规定、第七条第1款规定、第十条规定、第四十二条（一）、（二）项规定。

二、该民警所开具的《湖北省公安交通管理简易程序处罚决定书》中所填违法行为代码为10390，处罚依据应为《中华人民共和国道路交通安全法》（以下简称为《道法》）第九十三条第2款"对违反道路交通安全法律、法规关于机动车停放、临时停车规定的，可以指出违法行为，并予以口头警告，令其立即驶离。机动车驾驶人不在现场或者虽在现场但拒绝立即驶离，妨碍其他车辆、行人通行的，处二十元以上二百元以下罚款，并可以将该机动车拖移至不妨碍交通的地点或者公安机关交通管理部门指定的地点停放。公安机关交通管理部门拖车不得向当事人收取费用，并应当及时告知当事人停放地点。"该民警并没有警告本人立即驶离，还以强扣本人相关证件要挟本人缴纳罚款。

三、该民警所开具的《湖北省公安交通管理简易程序处罚决定书》所填违法行为代码为10390，在本人作为驾驶员在场且有驶离意愿的情况下仍被拦下且被罚款，该民警对本人违法行为的处理并没有事实依据，违反了《规定》第三条第三款关于"对违法行为的处理，应当以事实为依据，与违法行为的事实、性质、情节以及社会危害程度相当"的规定。

四、该民警及另两名民警在执法时不但没有向我本人表明身份，而且在要求本人出具证件时态度极其傲慢，违反了《规定》第七条第1款关于"交通警察调查违法行为时，应当表明执法身份"的规定。

五、该民警在拿到本人出具的有关证件后扭头就走，并没有核对本人作为驾驶人的有关信息，违反了《规定》第十条关于"交通警察查验机动车驾驶证时，应当询问驾驶人姓名、住址、出生年月并与驾驶证上记录的内容进行核对；对持证人的相貌与驾驶证上的照片进行核对。必要时，可以要求驾驶人出示居民身份证进行核对"的规定。

六、该民警不表明身份，不说明我本人违法情况，同时对本人辩解不予理睬，在本人强烈表达驶离愿望的情况下仍以代码为10390的违法行为开具《湖北省公安交通简易建议程序处罚决定书》，违反了《规定》第四十二条（一）、（二）项关于"口头告知违法行为人违法行为的基本事实、拟作出的行政处罚、以及依法享有的权利"、"听取违法行为人的陈述和申辩，违法行为人提出的事实、理由或者证据成立的，应当采纳"的规定。

综上所述，申请人认为警号为321××××姓名为郑新宇的民警于2012年4月15日（星期日）中午11时10分许对申请人车牌号为鄂C0×××0的标致408轿车违章停车一事的处理程序违反了《道路交通安全违法行为处理程序规定》第三条第3款、第七条第1款、第十条、第四十二条（一）、（二）项之规定，执法依据不符合《中华人民共和国道路交通安全法》第九十三条第2款之规定，应认定为执法程序有严重瑕疵以及执法依据适用不当。

申请人希望复议机关能查明事实，依据相关法律、法规之规定，支持本申请人的申请复议请求，以维护申请人的合法权益。

此致

××市公安局

申请人：冯丽娟

二〇一二年四月二十日

附：

1. 申请书副本 1 份

2. 原处理决定书（复印件）1 份

3. 其他证明文件 2 份

必需知识

一、什么是行政复议申请书

行政复议申请书是指行政相对人不服行政机关及其工作人员所作出的具体行政行为，请求行政复议机关对该具体行政行为依法进行审查并作出结论的一种书状。

在行政管理和行政执法活动中，行政机关及其工作人员针对特定公民、法人和其他组织作出的具体行政行为，可能有误或者违法。如果相对人认为该具体行政行为侵犯了自身的合法权益，则可以该行政机关为被告依法提起行政诉讼，也可以向有权行政复议机关申请行政复议。复议机关受理后，将对该具体行政行为的合法性与适当性进行审查，并作出行政复议决定。行政复议是行政相对人获得行政救济、解决行政争议的重要途径。

行政复议同样适用不告不理原则。如果相对人不提出行政复议申请，则行政复议机关不能主动进行行政复议。行政复议申请书的作用就在于引发行政复议程序，为行政复议机关审查行政争议案件并作出行政复议决定提供重要依据。

二、行政复议申请书的结构与主要内容

行政复议申请书由首部、正文、尾部及附项四个部分组成。

（一）首部

首部应写明申请人和被申请人的基本情况。申请人是自然人的，应写明姓名、性别、年龄、职业、住址、联系电话等；申请人是法人或者其他组织的，应写明单位全称、地址、法定代表人的姓名、职务及联系电话等。有共同申请人的，应将每一申请人的基本情况逐一写明。有权申请复议的公民为无行为能力或者限制行为能力人的，应写明其法定代理人的基本情况。委托律师代为申请复议的，应写明代理律师的姓名及其所在律师事务所的名称。被申请人的基本情况包括被申请人的名称和详细地址等。

（二）正文

1. 案由及请求事项

参照行政复议法所规定的分类标准，写明申请人提请行政复议的具体行政行为系何种具体行政行为，例如，拘留决定、查封货物决定、不颁发卫生许可决定等。写明申请人获悉行政机关作出具体行政行为的具体日期。

写明申请行政复议的目的、要求，即明确提出撤销或者变更具体行政行为，或者要求在一定期限履行法定职责。比如，撤销卫生防疫站×字第×号罚款×元的处罚决定、变更税务局×字第×号罚款×元的处罚决定，等。

2. 事实与理由

事实与理由是行政复议申请书的核心部分，主要包括三方面的内容：

（1）事实。应客观地陈述引起具体行政行为的全部案件事实，指出被申请人作出具体行政行为时所认定的事实与客观情况不符。

（2）证据。为证明所陈述的事实，应列举有关书证、物证、证人证言以及其他证据材料，有证人的应写明证人的姓名、职业和住址。

（3）理由。应在陈述事实、辩析事理的基础上，援引有关法律、法规、规章，论证复议请求的合法性。

（三）尾部

写明该申请书致送对象即复议机关的具体名称。申请人签名或盖章，并注明申请日期。

（四）附项

写明随申请书正本一并提交的副本份数（与被申请人数相同）和证据材料件数。

三、注意事项

（1）要准确认定被申请人及有权行政复议机构。被申请人是行政争议的另一方，是作出有争议的具体行政行为的行政机关或法律授权组织。实践中，有一些具体行政行为是以行政机关的内设或派出机构的名义实施的，有一些则由行政机关委托某些行政系统以外的团体实施。具体行政行为的实施者并非行政主体，因而不能成为行政复议的被申请人。只有直接作出具体行政行为的行政机关和法律授权组织才可以成为行政复议的被申请人。行政复议申请的受理机构必须是被申请人的上级行政机关或上级主管部门。

（2）要准确分辨被申请人作出的行政行为是抽象行政行为还是具体行政行为。抽象行政行为是行政主体针对不特定行政管理对象实施的行政行为，比如，行政立法,决定,命令等。抽象行政行为依法不具有可诉性，由此产生的行政争议不能通过行政诉讼法律程序解决，也不能以行政复议方式解决。此外，还要注意的是，行政机关内部行政行为；例如，行政处分或者其他人事处理决定，不属于具体行政行为，由此产生的争议不能通过行政复议方式解决，当事人应依照有关法律、行政法规的规定向上级主管部门提出申诉。另外，行政机关对民事纠纷作出的调解或者其他处理，如果当事人不服，可以就民事纠纷申请仲裁或者向人民法院提起诉讼，不能将其作为具体行政行为申请行政复议，也不能向人民法院提起行政诉讼。

（3）要注意行政复议申请是否在法定期限内。依《行政复议法》第九条之规定，除法律另有规定外，申请人认为具体行政行为侵犯其合法权益的，可以自知道该具体行政行为之日起六十日内提出行政复议申请。超过这个期限的，复议申请无效。

拓展训练

- 了解有关行政复议的法律规定。
- 通过典型案例分析，深入认识和把握行政复议的法律性质、特点与作用。

第六单元 科技类应用文

任务一　撰写产品说明书

学习目标

通过学习，能够根据工作及专业需要，撰写格式规范，内容完整，语言简洁明了的产品说明书。

任务导入

在下面的产品中选择一种完成产品说明书的写作：

- 自己的 U 盘。
- 宿舍中的电风扇。
- 暖手宝。

范文阅读

酸奶机说明书

产品简介

感谢您选用××牌酸奶机！

本产品是我公司独立研发，拥有自主知识产权的新一代酸奶机系列之一。外观新颖、线条流畅、造型优美。采用自动恒温的 PTC 发热，做出鲜美可口的酸奶。清晰的工作状态指示，简单的功能操作，使用安全可靠。

部件及安装图（略）

性能特点

（1）精致设计，时尚外观。

（2）独特的防聚热结构设计，确保乳酸菌的活性。

（3）透明上盖、容器盖，制作状况一目了然。

（4）采用可自动恒温的 PTC 发热，安全节能，功率仅为 15W。

（5）采用保鲜盒式容器设计，使酸奶在制作及保鲜过程中避免受污染。

（6）采用全包围发热方式，传热更均匀。

使用方法：

制作流程：

1. 消毒

方法：用刚刚烧开的沸水冲烫容器及容器盖 1 分钟以上，对其进行杀菌消毒。

注意：只需对容器及容器盖冲烫消毒，不能用沸水冲烫产品上盖及产品机身。

2. 调配

方法：按一下配比将原料加入容器中，并充分搅匀。

配比 1：市售冷藏鲜牛奶 1 000 mL + 发酵剂或 50 mL 冷藏酸牛奶

配比 2：无菌封装纯牛奶 1 000 mL + 发酵剂或 50 mL 冷藏酸牛奶

配比 3：奶粉冲制牛奶 1 000 mL + 发酵剂或 50 mL 冷藏酸牛奶

3. 发酵

将装有调配好原料的容器盖好容器盖，放入酸奶机机身内，盖好上盖，接通电源，进行发酵。发酵时间一般设定在 8～12 小时左右，发酵好的酸奶结成"豆腐花"状，发酵时间越长酸度越重。

4. 保鲜

刚发酵好的酸奶可以直接食用，但此时的酸奶还未达到最佳口感，对于不接受冷藏食品的人可以调味食用。若不想立即食用，可将发酵好的酸奶连同容器直接放进冰箱冷藏，进行钝化 24 小时，钝化后的酸奶香味纯正，口感极佳。

5. 调味

酸奶在食用前，可根据自己的口味要求添加适量的水果汁、果糖、蜂蜜等进行调味后食用。

注意事项：

（1）使用前应检查铭牌所标额定电压是否与您使用的电压一致。

（2）请勿在易燃物品附近使用本机。

（3）禁止用湿手把插电源插头，否则可能导致触电。

（4）产品严禁用水冲洗或浸入水中，以免破坏产品性能。

（5）非电器专业人员切勿自行改装、拆卸或修理本产品。

（6）不要放在不稳定、潮湿或靠近其他热源的地方使用，否则会受到损伤或发生故障。

（7）如电源线软线损坏，必须用专用软线或从其制造商或维修部买到的专用组件来更换。

（8）要保证酸奶机放在小孩接触不到的地方。

清洗和保养：

（1）产品使用后，必须拔掉插头，然后待完全冷却后再开始清洗。

（2）用完后应及时清洗，以免产品出现异味。

（3）不要用香蕉水、汽油、去污粉、硬质刷、不锈钢丝球等来擦试。

（4）产品的外壳切勿水浸或用水淋洗，可用柔软湿布（拧干水）抹擦。

（5）产品长时间不使用时，请清洁擦净，装入包装箱中，放于通风和干燥的地方，以免酸奶机受潮，影响使用。

常见问题分析：

（1）指示灯或数码管不亮。

① 是否停电？

② 电源线是否插入插座中？

③ 电源插座是否处于关闭状态？

（2）完成后牛奶没发酵成酸奶：

① 时间控制或设定是否太短？

② 室内温度和牛奶温度是否太低？（如果太低需要适当延长工作时间）

（3）完成后酸奶意味太重：

① 时间控制或设定是否太长？

② 购买的原料是否过期、变质？

产品规格（略）

××××

地址：××××

电话：×××××××

电传：×××××××

邮编：×××××××

必需知识

一、什么是产品说明书

产品说明书是以文体的方式对某产品进行详细表述，使人认识和了解产品。产品说明书是一种常见的说明文，是生产者向消费者全面、明确地介绍产品名称、用途、性质、性能、原理、构造、规格、使用方法、保养维护、注意事项等内容而写的准确、简明的文字材料

二、产品说明书的作用

（一）宣传产品，指导消费

宣传产品以引起消费者的购买欲望，从而实现购买，促进商品流通，是产品说明书的基本属性。

（二）扩大消息，促进消费

产品说明书在普及科学文化知识，扩大信息流量，在信息传播、复制、交流、利用、反馈等方面，作用十分重要，是因为它在社会生产过程中，实现了生产、交换、分配、消费四个环节中交换和消费两个环节的必然链接。

（三）传播知识，创造品牌

产品说明书的内容常常涉及到知识、科技等的普及、宣传和利用，凝聚着知识的结晶而被人们传播、吸收。生产者实现销售，是从制作产品说明书起步，消费者认识产品，往往是从认识产品说明书开始，是创造品牌的必须环节。品牌可以借着产品说明书推波助澜，使品牌有形象的、直观的视觉效果。

三、产品说明书的特点

（一）真实性

产品使用涉及千家万户，关系到广大消费者的切身利益，决不允许夸大其词，鼓吹操作，

甚至以假冒伪劣产品来谋取自身的经济利益。

（二）科学性

产品是科学与生产实践的产物，在一定程度上体现了当代的科技水平，是科技的一种实用型代表。

（三）条理性

因文化、地理、生活、环境等的不同，人们对产品说明书的内容还存在着认识和理解上的差异，所以，产品说明书在陈述产品的各种要素时，要有一个由浅入深、循序渐进的顺序。

（四）通俗性

很多消费者没有专业知识，就有必要用通俗浅显和大众喜闻乐见的语言，清楚明白地介绍产品，使消费者使用产品得心应手，注意事项心中有数，维护维修方便快捷。

（五）实用性

强调产品的实用性，目的在于突出"我的比你的好用"这个重要指标，利于突出产品优势，利于消费者使用产品。

四、产品说明书的写法

产品说明书有多种多样的形式，开本、印刷、装帧可以各有差异，但有一些基本格式却是相同的：

（一）封面

封面上要写上标题、产品商标、规格型号、产品名称、生产厂名，还要印上产品的图样。产品说明书的标题，一般是由产品名称加上"说明书"三字构成，例如《龙牡壮骨冲剂颗粒说明》。有些说明书的内容是侧重介绍使用方法的，称为使用说明书或使用手册，例如《吹风机使用说明》、《电脑使用说明书》。

（二）前言或概述

这一部分，有的产品说明书是介绍新产品的主要性能特点，有的产品说明书则是强调编写说明书的目的或说明维修、使用好新产品的重要性，有的产品说明书没有这一部分。

（三）目录

如果是篇幅较长、装成一本的产品说明书，为了便于读者翻检，还得有个目录。如果是只有几张纸的产品说明书，则不需要目录。

（四）正文

包括以下内容：

（1）主要技术数据。要写得准确、简洁，也可以用表格的形式来反映。

（2）使用方法。往往配上插图，按照一定的程序，说明产品的使用方法。

（3）保养和维修。简要说明本产品保养的一般知识和维修的注意事项。

（4）附属备件及工具。如果随产品附有备换零件和工具，则应在这一项中写明。

由于说明书说明的事物千差万别，因而，不同说明书的内容侧重点也有所不同。下面介绍几大类产品说明书的写作。

（1）家用电器类。此类说明书一般较为复杂，写作内容为产品的构成、规格型号、使用对象、使用方法、注意事项等。

（2）日用生活品类。写作内容有产品的构成、规格型号、适用对象、使用方法、注意事项等。

（3）食品药物类。写作内容有食品药物的构成成分、特点、性状、作用、适用范围、使用方法、保存方法、有效期限、注意事项等。

（4）大型机器设备类。主要写作内容包括结构特征、技术特性、安装方法、使用方法、功能作用、维修保养、运输、储存、售后服务范围及方式、注意事项等。

（五）封底

注明厂名、地址、电话、电传和生产日期等。出口产品还要在外包装上写明生产日期和中外文对照，正中还可印上醒目的商标。

五、写作注意事项

撰写产品说明书，一定要实事求是，恪守信誉，对用户高度负责，说明的内容必须符合产品的实际状况，这样才能取得用户的信赖。

产品说明书的文字，要通俗简明；产品说明书的封面要精心设计，做到图文并茂，给人以美感。

要注意广告和产品说明书的区别。产品说明书不仅要介绍产品的优点和作用，还要说明其性质与成分，使用范围与限制，工作原理，有无副作用等与使用有关的内容。“何以解忧，唯有杜康”可做广告语，但写入产品说明书显然不合适。

拓展训练

小组活动：

- 每位同学分别找出一份产品说明书，例如：手机、电脑、剃须刀、化妆品、家用小电器、药品等的说明书，阅读后画出说明书的结构图；
- 5～6人组成一个小组，小组内比较各种说明书的结构图，分析总结各类产品说明书的写法。

任务二　撰写工科毕业设计报告

学习目标

通过学习，能够撰写条理清晰，结构合理，简洁明了的工科毕业设计报告。

任务导入

根据专业课程中完成的设计，撰写一篇设计报告。

回转型蓄热式换热器的设计

化工机械专业××级：刘××

一、概述

回转型蓄热式换热器是7021厂为综合利用能源，从生产实际中提出的课题。以本换热器作该厂加热炉空气预热器，回收400℃烟道气中的余热，预热进入加热炉供燃烧用的空气至350℃以上。经试用，每年可节约天然气80万标准立方米，价值17.6万元。总投资可在两年半收回。

二、设计原理

回转型蓄热式换热器是用内置蓄热体的转子在低温和高温气体通道中连续旋转，使蓄热体在高温气体通道内吸收高温气体的热量，而在低温气体通道内再把热量放出，传给低温气体，从而达到换热的目的。如图1（略）

三、工作性能和使用范围

本换热器具有热回收率高、结构紧凑、处理气量大等优点，可以满足防堵塞、防腐蚀的要求。虽然存在着换热气体间的交错污染，但是对于加热炉空气预热而言，可以允许空气烟气之间有一定的交错污染，而且通过密封结构的完善和改进，可以把交错污染控制在10%以下。

以本换热器作为各种加热炉的空气预热器是可行的、有效的和经济的。

四、主要设计要求（略）

五、结构设计主要参数（略）

六、主要计算公式

由于本换热器的传热原理不同于传统换热设备，采用NTU法，与转子的蓄热能力匹配，并计入修正系数来进行传热计算。由于因素复杂，需要调整的数据多，可用计算机寻求最优化数据。（以下略去原文附有的七个公式。）

七、本换热器采用卧式设计

本设计，从实用的角度出发，借鉴吸取了国内同类设备行之有效的结构，例如：前后墙板的烟道接头，端板及支承梁的“三合一”结构，转子轴端的迷宫封等。此外，针对本换热器操作温度高、温度效率高、流道较长等特点，将有关部件作了如下改进：

1. 改进后的蓄热体类型和几何尺寸对换热器的性能有决定性影响

本设计先对“强化型”、“引进日本型”、“波带型”、“开孔波带型”四种蓄热体进行传热及充填面积的计算，在计算的基础上提出“改进强化型”作为本设计的蓄热体方案。改进后的蓄热体具有传热量大、引力小、不易积灰、有较好的防腐防堵性能的特点。

为保证蓄热体各传热板的装填质量，把蓄热板的散装改为框装，在转子外筒上用螺钉固紧，以防径向、周向移动。这种框式结构构造简单，可靠，便于安装检修。

2. 完善的三向密封结构

密封结构对换热器的交错污染起控制性作用。本设计蓄热体流道长、气体流动阻力势必增加，烟气侧与空气侧的压力差就会增大，而泄漏量与压力差的平方根成正比。有鉴于此，本设计采用完善的三向密封结构，以减少泄漏。

轴向密封。（内容及3个图从略。）

径向密封。（内容从略。）

周向密封。（内容及2个图从略）

3. 冷端抽屉门的改进（内容从略）

4. 设置隔热减阻板（内容从略）

5. 合并吹灰管与清洗管（内容从略）

6. 传动系统的改进（内容从略）

八、结束语

本设计从计算公式、数据选取、结构设计都以可靠性为首要原则。本换热器在技术上安全可靠。

由于资料收集尚不完整，加上毕业设计时间有限，所以改进设计的效果有待实践验证。

必需知识

一、什么是工科毕业设计报告

工科毕业设计报告又叫工科毕业设计说明，是工科大学生毕业前的总结性教学作业，是一种综合运用已学理论表述其工程设计情况的应用文。主要考核学生是否具有工程设计的初步能力，在本质上是工科毕业生的科技论文。

二、工科毕业设计报告的特点

（一）应用科技性

工科毕业设计报告是学生融会贯通所学过的科技知识，进行工程设计或解决工程难题的成果，具有明显的应用科技性。

（二）解释说明性

工科毕业设计成果的原理、应用范围、技术参数、工作流程等，

只有通过文字和必要的图纸进行解释、说明，才容易被人了解，乃至认同。对设计成果的解释和说明，是工科毕业设计的有机组成部分。

（三）体现设计者的设计能力及综合素质

工科院校毕业生对基本理论、专业知识和

技能的掌握和运用情况，以及思维能力、创新能力乃至文字表述水平，在工科毕业设计报告中将得到综合的体现。

三、工科毕业设计报告的类型

根据研究方法的差异，可分为理论型、实验型和描述型三种类型。

（1）理论型。理论型毕业设计报告的主要研究方法是理论分析 。

（2）实验型。实验型毕业设计报告的研究方法是设计实验、实验过程研究和实验结果分析 。

（3）描述型。描述型毕业设计报告的主要研究方法是描述说明，目的是介绍新发现的事物或现象及其所具有的科学价值，重点说明这一新事物是什么现象或不是什么现象。

根据毕业设计报告的具体内容，可分为发明型和改革（造）型两种。发明型毕业设计报告，即毕业设计的产品或成果是现实生活中的首创。改革（造）型毕业设计报告，是指毕业设计产品

的类型或成果的类型在现实中已经存在，毕业设计的产品或成果是在原有基础上的改进或改良。

四、工科毕业设计报告的写作步骤

（一）选题

选题可从以下几个方面考虑：

（1）从业务强项或兴趣出发进行选题。

（2）从实习或实践中所发现的问题中进行选题。

（3）从有必要进行补充或纠正的课题中进行选题。

（二）搜集资料

选题和资料搜集紧密相关。平时不了解学科动向，没有一定积累，就不好确定毕业设计报告的选题；只有确定了选题才能按照选题方向去搜集更多的资料；有时也会因新资料的影响，产生新的观点，再次修订选题。搜集资料是具体研究问题的开始，没有资料就无从分析问题。

（三）材料的分析研究

（1）将资料分类。资料分类是资料分析的基础。分类标准要以资料反映的主要思想为依据。

（2）分析资料并从中导出结论。要分析每类资料能够导出的结论并把这些结论写出来，形成自己的见解。

（3）给每类资料拟写标题。根据对资料的分析，撰写资料标题。标题是资料中心思想的概括和结论的提示，将为我们取舍资料及安排资料在论文中的位置做准备。

（四）进行设计，并完成设计报告

五、工科毕业设计报告的结构和写法

由于工科毕业设计报告类型多，与其他文种相比，较难有比较统一的结构和写作模式。以下是多数工科毕业设计报告涉及的写作内容。

（一）标题

标题通常由设计项目加“设计”或“毕业设计说明书”构成。例如：《回转型蓄热式换热器的设计》，《××商业大厦空调系统毕业设计说明书》。标题下一行写毕业设计学生的专业、班别和姓名，再下一行写指导老师及姓名。

（二）前言（导言）

前言主要涉及四个方面的内容：① 本设计项目的性质。一般需写明毕业设计是专业学习中的一门最重要的课程，是将所学专业理论和技能应用于实际项目设计的实践，是对自己专业能力的一项实际考核；② 本设计项目的目的、效益。即简述本毕业设计解决什么实际问题，具有什么作用；③ 本设计项目的原理。简述本设计项目运用了什么设计原理；④ 设计过程。简述本设计项目经历的时间，以及遇到什么重大困难等。也有的毕业设计在前言中写及设计缘由。

前言属概括叙述或简要说明部分，不要求详细展开。

（三）主体

主体内容主要涉及以下六个方面：

（1）设计原理与设计方案的论证。表述工程或产品设计中所运用的原理，或所设计的工程或产品所遵循的工作原理。同时，具体的设计方案是怎样的，是否可行。具体表述时，常利用图示和文字解释相结合的方式。

（2）技术或性能的科学性和先进性。

（3）技术和质量标准的说明。阐述设计中的主要技术参数及有关技术参数的计算公式与结果。例如，大厦空调系统设计便得表述年均气温、相对湿度、太阳辐射负荷强度等技术参数及其计算数据等。在具体表述时，常用公式、表格和文字解释方式。质量标准指设计所达到的国际、国家、行业或地方标准。

（4）工作流程及技术性能。工作流程即工作过程。技术性能包括设计的工程或产品的型号、容量、生产率、动力等。这部分内容多用图纸说明、模型展示或实验结果的验证加以说明。图纸是产品制造的蓝图。

（5）适用范围。一般以文字作出说明。若涉及安装等问题时，则需以图文结合的方式说明。

（6）资金预算。即实施本毕业设计项目所需的资金数额。

需着重说明的是：对于以上主体6个方面的内容，不同专业、不同类型的工科毕业设计报告将有所取舍，或各有侧重，内容结构顺序也不尽相同。有的工科毕业设计报告还采用分章式结构。

（四）结尾

结尾通常综述上述设计报告的内容。或对有关技术问题作出补充。有些前言部分内容较完备的工科毕业设计报告，可不写结尾。

（五）致谢

即对指导和帮助过自己的老师和有关单位及个人表示感谢。

（六）注释及参考文献

列出主要的参考资料、文献及作者和出版社、出版年度等。

六、注意事项

（1）写作重点应放在技术性强的部分或设计的关键部分，切忌平均用力。

（2）注重解释、说明的技巧。充分利用图形说明和图文结合式说明。

（3）工科毕业设计报告应加上封面，装订成册。注意装帧设计的质量。

拓展训练

分组讨论并总结设计报告的写作重点。

任务三　撰写毕业论文

学习目标

通过学习，能够撰写结构合理，格式规范，具有一定实用价值的毕业论文。

任务导入

选择一个自己感兴趣的课题，按照毕业论文的结构和写法，写一篇简短的学业论文。

范文阅读

浅论企业核心竞争力

××专业××级：吴××　　指导老师：×××

【提　要】　企业核心竞争力是企业经营的根本依托，是企业竞争优势的决定力量，同时核心竞争力又是一个复杂和多元的系统。企业核心竞争力的形成和培育必是一个长期的战略过程。

【关键词】企业核心竞争力；学习型组织；企业文化

随着市场经济的发展，企业核心竞争力已经成为企业竞争优势的决定性力量。从短期看，企业产品质量、性能和服务质量决定了企业的竞争能力；从长期看，以企业资源为基础的核心能力则是企业保持竞争优势的决定性源泉。在本文中，笔者仅就企业核心竞争力谈一点浅见。

一、核心竞争力的含义

1991 年，普拉汉拉德和哈默在《哈佛商业评论》上发表“The Core Compe tence of the Corporation”一文，标志着企业核心竞争力理论的正式提出，他们认为，核心竞争力是企业组织中的集合性知识（collective learning），特别是如何协调多样化生产经营技术和有机结合多种技术流派的知识。随着产品生命周期的日益缩短和企业经营的日益国际化，一个企业的差异化竞争优势，来源于企业管理层如何比竞争对手既快速又低成本地将遍布于企业内的各种技术和生产技巧有机结合起来形成核心竞争力的能力。企业的核心竞争力是指企业开发独特产品、发展独特技术能力为基础，通过企业战略决策、生产制造、市场营销、内部组织协调管理的交互作用而获得使企业保持持续竞争优势的能力，是企业在其发展过程中建立与发展起来的一种资产与知识的互补体系，同时企业核心竞争力的强弱在很大程度上受企业所面临的产业技术与市场动态性的影响。

通俗地讲，企业的核心竞争力就是企业在那些关系到自身生存和发展的关键环节上所独有的、比竞争对手更强的、持久的某种优势、能力或知识体系。“企业文化”是企业生存和发展的“元气”，是企业核心竞争力活力主根和动力之源。“创新”是一个企业生存、发展的内在要求和基本形式，也是一个企业不断适应环境、实现自我超越的必然过程。“人才”是企业的核心战略资源，企业之间的较量，归根结底是人才及其综合素质的较量，“能力”作为企业核心竞争力的转换要素，特指企业动员、协调和开发企业内外资源的生产力，这种组合提供了企业潜在的竞争优势。一般来说，核心能力存在于企业中人的身上，而不是存在于企业资产负债本身，核心能力深深地植根于技巧、知识和人的能力之中。

二、核心竞争力的构成

核心竞争力是一个复杂和多元的系统，包含多个层面。归纳起来主要包括以下几个方面：

（1）创新能力。一个企业要保持发展和竞争优势，就必须善于总结和提高，永远追求卓越，不断超越自我，不断进取和创新。所谓创新就是根据市场和社会的不断变化，在原基础上重新整合人才、资本等资源，进行新产品开发和更有效组织生产，不断创造和适应市场，实现企业的更大发展，它包括技术创新、产品和工艺创新、管理创新。在以技术快速更新和产品周期不断缩短为主要特征的现代企业竞争中，创新是保持长久竞争优势的动力源泉。创新能力是一个企业具有核心能力和旺盛生命力的体现。

（2）形象力。这是通过塑造和传播优秀企业形象而形成的一种对企业内外公众的凝聚力、吸引力、感召力和竞争力，是隐含在企业生产经营活动背后的一种巨大的潜在力，是企业新的生产力资源，它包括产品形象、服务形象、品牌形象和管理形象。我们知道，塑造企业形象不是一朝一夕的事，形象力资源要求企业从长远发展角度来审视和制定企业的战略规划，它从企业的发展趋势和运行的前景着眼，能对企业的发展产生长远的、战略性的推动力，带有战略性思考与制度安排的特征。

（3）服务增值能力。现代市场发展的一个重要趋势，就是服务竞争在现代市场竞争中的地位和作用越来越突出。质量概念，不仅包括产品质量，也包括服务质量。国外企业文化研究中首先使用的“服务增值”的概念，值得重视。因为同样质量的产品，可以因服务好而“增值”，也可以因服务差而“减值”。企业形象从根本上说是表现为产品质量和服务质量。服务的永恒主题是企业同客户、用户、消费者的关系问题。这里包括如何使抱怨用户转变成满意用户、忠诚用户进而成为传代用户，包括如何开发忠诚的顾客群，包括不丢失一个老客户而不断开发新客户的问题，包括如何使营销服务成为情感式劳动，真正让用户、顾客引导决策，进而引导产品开发的问题。

（4）管理能力。总理在去年的政府工作报告中指出今年是管理年，要向管理要效益。据统计，生产中有 50%的效益来自管理，技术管理中的 80%来自管理，可见管理能力的重要性。企业的管理也是生产力，它涉及企业结构组合、信息传递、沟通协调、激励奖惩以及各种生产要素的优化组合，通过高效优势的动作，保障技术优势的发挥，也保障了将生产优势转化为市场优势。

三、核心能力的培育

企业核心竞争力的形成不是一种短期行为，而在于要把企业建设成为一种创新型的学习性组织，在不断学习和积累中形成特有的竞争力，并通过机制来保障这种竞争力的发展。因此，形成并保持企业核心竞争力是一项长期的根本性战略。为此，必须做好以下工作：

（1）建立学习型组织。企业核心竞争力的出现是系统整合的结果，尤其面对日益复杂多变的环境，企业需要比以往任何时候应更重视持续地、更快地获取信息和知识。而且这种学习必须是全体的、主动的、积极的和创造性的。彼得·圣吉认为，企业是一个系统，可以通过不断学习来提高发展的能力，《第五项修炼》即在组织中实行共同愿景、自我超越、团队学习、改善心智模式和系统思考，在企业中建立一个相互关照、彼此通融的“学习型组织”。使组织形成“学习——持续改进——建立持续性竞争优势”的良性循环。

（2）建立良好的企业文化。从企业文化力的功能来说，它有 5 个方面：第一，凝聚力。企业文化搞好了是一种“黏合剂”。可以把上下左右、广大员工紧紧地粘合、团结在一起，这是一种凝聚功能和向心功能。第二，导向力。包括价值导向与行为导向。在企业行为中该怎么想？怎么做?企业价值观与企业精神，发挥着无形的导向功能。第三，激励力。企业文化所形成的文化氛围和价值导向是一种精神激励，能够调动与激发职工的积极性、主动性和创造性，把人们的潜在智慧诱发出来。第四，约束力。在企业行为中哪些不该做、不能做，企业文化、企业精神常常发挥着一种“软”约束的作用，是一种免疫功能。第五，纽带力。企业、特别是大企业集团，维系发展要有两种纽带：一个是产权、物质利益的纽带；另一个是文化、精神道德的纽带。这两种纽带相辅相成，缺一不可。

（3）建立良好的管理队伍。企业核心竞争力是企业综合实力的表现，是人的主观能动性得以发挥的成果。要产生这样的效果，必须使企业有良好的领导者和良好的运行体系。拿破仑说过“世界上没有无用的士兵，只有无用的将军”。没有良好的领导者和运行体系，就难以建立起人力资源的集群和激励人力资源发挥的力量，而没有知识结构合理、能力结构互补、规模相当、人才队伍稳定的集群，是很难发挥出主观能动性的，也很难保持持久的核心竞争力的优势。

（4）坚持技术创新与技术领先。技术能力是企业赖以生存的关键。小平同志说，科学技术是第一生产力。产品与服务的领先其支柱是科技。像英特尔不断推出高性能的微处理器的能力，诺基亚不断推出新功能手机的能力，微软不断推出新的计算机软件的能力等都是保持领先、形成垄断的基础能力。

综上所述，企业核心竞争力是企业综合实力的象征，是决定企业生死存亡的关键。企业应把核心能力的管理放到战略的高度来考虑，在企业的发展过程中逐渐积累、培育领先于对手的核心能力。

必需知识

一、毕业论文介绍

毕业论文，实际上属于学术论文，是对自然科学和社会科学某一专业领域中具有学术价值或亟待解决的问题进行探讨和研究，并提出有独创性见解的一种议论文。

二、毕业论文的写作程序

毕业论文的写作，一般需经由选题、收集资料、编制论文提纲和撰写四个步骤。

（一）学术论文的选题

毕业论文价值的大小首先与作者选择什么样的研究课题有关，如果所选课题价值不大，即使写成论文，这论文的水平和质量都是不可能高的。

一般来说，学术论文的选题，必须选以下三种类型之一：

（1）开创性类型。即前人没研究过、没解决过的课题。

（2）延伸性类型。即前人虽已做过研究，但还有发展、补充或修正余地的课题。

（3）综合归纳性类型。即把别人的研究成果，加以综合归纳的课题。

学术论文的选题，必须力求扬作者之长避作者之短。

（二）收集资料

选题离不开资料的搜集和整理。资料的搜集通常通过以下四种方式：

（1）利用图书馆。到图书馆查阅图书资料。一般说来，搜集资料可采用先宽后窄，由粗到细的方法。

（2）上网搜索。即利用互联网搜集有关资料。

（3）实地调查。调查的方法有普遍调查、典型调查、抽样调查等。还可以利用座谈会调查、访问调查、问卷调查等。

（4）科学实验和科学观察。即通过实验和观察，以求获得第一手的事实资料。实验方法有定量法、定性法、对照法、模拟法等。

有了资料以后，则以真实、新颖、典型的标准，作好分类和优选工作。

（三）编制写作提纲

编写写作提纲是论文起草前不可缺少的一项重要工作。

通过拟写作提纲，实现下列目的：

（1）初步确定论文的标题。

（2）确定论文的中心思想，写出主题句子。

（3）确定论文的总体框架，安排有关论点的次序。

（4）确定大的层次段落，确定每个段落的段旨句。

（5）确定每段选用的材料，标示材料名称、页码、顺序。

（四）撰写毕业论文

根据拟定的提纲，完成毕业论文的撰写。写作中，应注意合理安排论文的结构及写作方法。

三、毕业论文的结构和写法

（1）标题。要求以最恰当、最简明概括的语词反映论文的内容。例如：《论企业的核心竞争力》、《浅析汽车轮胎偏磨》等。

（2）内容提要。即精当提示论文的基本观点、成果及意义等内容的文字，一般不超过300字。

（3）关键词。即提示论文主题和内容的词汇或术语。

（4）序论。又称前言、引言、引论等，这是论文的开头部分，写作内容一般包括提出问题，说明选题的缘由、意义，研究方法或论证方法等。

（5）主体部分。本论文的主体部分是对问题展开分析，对观点加以证明，全面、详尽、集中地表述研究成果的部分。它在层次段落之前，或使用小标题，或使用数码标示。采用的结构形式通常有以下三种：

并列式：亦称横式结构。即围绕总论点并列排出几个分论点，从不同角度、不同侧面对总论点进行阐释、论证。

递进式：亦称纵式结构。即由浅入深，一层一层地对总论点进行阐释、论证，后一个层次是前一个层次的深化，后一部分是前一部分的发展。

混合式：亦称纵横式或综合式结构，即并列式与递进式同时使用。或者大层次为并列式，而一些层次中又采用递进式结构；或者大层次为递进式，而一些层次中又采用并列式结构；或者并列式和递进式分散用在本论的不同部分。

作为议论文的学术论文，不管采用何种结构形式，都是为了展开论证过程，即运用论据以说明观点、证明观点，通俗地说，就是摆事实、讲道理。

毕业论文的论证需要讲究方法。毕业论文的论证方法通常有下列几种：

① 例证法。又叫举例法。即运用归纳推理进行论证的一种方法，就是用典型的事例作论据来证明论点的方法。

② 引证法。又叫引用法。即用一些权威性的理论作论据来证明论点的方法。

③ 比较法。它是通过事物之间的比较来证明论点的方法。

④ 比喻法。即用容易理解的浅显的具体的事物、道理作比喻，来说明不易理解的深奥的抽象事物或道理的方法。

⑤ 因果法。即通过分析，揭示论点和论据之间的因果关系以证明论点正确的方法。

⑥ 归谬法。就是先假定对方的论点是正确的，接着就以此为前提，进行推理，却只能引出荒谬的结论，从而证明对方论点错误的方法。

（6）结论。又叫结尾。结论一般需对本论中的观点作一个归纳，表明总的看法和意见，或者强调某些要点等。结论应写得简明扼要。

并非每篇论文都需要结尾。有的论文本论一写完，全文就结束。

（7）致谢。即对帮助过自己的有关单位和个人表示感谢。也有的毕业论文不写“致谢”内容。

（8）注释或参考文献。即在文后列出引文出处和有关参考文献。

四、撰写毕业论文的注意事项

（1）正确选题。选题是否合适将决定学术论文写作的成败。要选择有价值的、难易适中，而自己又比较有兴趣的论题来做。

（2）充分占有自己选题范围内的资料。做好材料的分类、鉴别和扬弃工作。

（3）编制好写作提纲后，要趁热打铁，集中精力和时间投入写作，初稿尽可能一气呵成。对初稿不要求精美。

（4）初稿写成后最好马上查查有无遗漏什么材料，最好趁记忆清晰，马上修改或重写一遍。在修改时，主要斟酌论点新不新、论证是否合乎逻辑，结构是否需要调整，同时，对文字和标点符号进行仔细的推敲。每一篇定稿的论文，一般都要经过多次反复认真的修改。

拓展训练

分析毕业论文的写作结构和方法，画出毕业论文的内容与结构图。

附录 A

党政机关公文处理工作条例

（中办发〔2012〕14号）

（2012年4月16日由中共中央办公厅和国务院办公厅联合印发）

第一章 总 则

第一条 为了适应中国共产党机关和国家行政机关（以下简称党政机关）工作需要，推进党政机关公文处理工作科学化、制度化、规范化，制定本条例。

第二条 本条例适用于各级党政机关公文处理工作。

第三条 党政机关公文是党政机关实施领导、履行职能、处理公务的具有特定效力和规范体式的文书，是传达贯彻党和国家的方针政策，公布法规和规章，指导、布置和商洽工作，请示和答复问题，报告和交流情况等的重要工具。

第四条 公文处理工作是指公文拟制、办理、管理等一系列相互关联、衔接有序的工作。

第五条 公文处理工作应当坚持实事求是、准确规范、精简高效、安全保密的原则。

第六条 各级党政机关应当高度重视公文处理工作，加强组织领导，强化队伍建设，设立文秘部门或者由专人负责公文处理工作。

第七条 各级党政机关办公厅（室）主管本机关的公文处理工作，对下级机关的公文处理工作进行业务指导和督促检查。

第二章 公文种类

第八条 公文种类主要有：

（一）决议。适用于会议讨论通过的重大决策事项。

（二）决定。适用于对重要事项作出决策和部署、奖惩有关单位和人员、变更或者撤销下级机关不适当的决定事项。

（三）命令（令）。适用于公布行政法规和规章、宣布施行重大强制性措施、批准授予和晋升衔级、嘉奖有关单位和人员。

（四）公报。适用于公布重要决定或者重大事项。

（五）公告。适用于向国内外宣布重要事项或者法定事项。

（六）通告。适用于在一定范围内公布应当遵守或者周知的事项。

（七）意见。适用于对重要问题提出见解和处理办法。

（八）通知。适用于发布、传达要求下级机关执行和有关单位周知或者执行的事项，批转、转发公文。

（九）通报。适用于表彰先进、批评错误、传达重要精神和告知重要情况。

（十）报告。适用于向上级机关汇报工作，反映情况，回复上级机关的询问。

（十一）请示。适用于向上级机关请求指示、批准事项。

（十二）批复。适用于答复下级机关请示事项。

（十三）议案。适用于各级人民政府按照法律程序向同级人民代表大会或者人民代表大会常务委员会提请审议事项。

（十四）函。适用于不相隶属机关之间商洽工作、询问和答复问题、请求批准和答复审批事项。

（十五）纪要。适用于记载会议主要情况和议定事项。

第三章　公文格式

第九条　公文一般由份号、密级和保密期限、紧急程度、发文机关标志、发文字号、签发人、标题、主送机关、正文、附件说明、发文机关署名、成文日期、印章、附注、附件、抄送机关、印发机关和印发日期、页码等组成。

（一）份号。公文印制份数的顺序号。涉密公文应当标注份号。

（二）密级和保密期限。公文的秘密等级和保密的期限。涉密公文应当根据涉密程度分别标注“绝密”“机密”“秘密”和保密期限。

（三）紧急程度。公文送达和办理的时限要求。根据紧急程度，紧急公文应当分别标注“特急”“加急”，电报应当分别标注“特提”“特急”“加急”“平急”。

（四）发文机关标志。由发文机关全称或者规范化简称加“文件”二字组成，也可以使用发文机关全称或者规范化简称。联合行文时，发文机关标志可以并用联合发文机关名称，也可以单独用主办机关名称。

（五）发文字号。由发文机关代字、年份、发文顺序号组成。联合行文时，使用主办机关的发文字号。

（六）签发人。上行文应当标注签发人姓名。

（七）标题。由发文机关名称、事由和文种组成。

（八）主送机关。公文的主要受理机关，应当使用机关全称、规范化简称或者同类型机关统称。

（九）正文。公文的主体，用来表述公文的内容。

（十）附件说明。公文附件的顺序号和名称。

（十一）发文机关署名。署发文机关全称或者规范化简称。

（十二）成文日期。署会议通过或者发文机关负责人签发的日期。联合行文时，署最后签发机关负责人签发的日期。

（十三）印章。公文中有发文机关署名的，应当加盖发文机关印章，并与署名机关相符。有特定发文机关标志的普发性公文和电报可以不加盖印章。

（十四）附注。公文印发传达范围等需要说明的事项。

（十五）附件。公文正文的说明、补充或者参考资料。

（十六）抄送机关。除主送机关外需要执行或者知晓公文内容的其他机关，应当使用机关全称、规范化简称或者同类型机关统称。

（十七）印发机关和印发日期。公文的送印机关和送印日期。

（十八）页码。公文页数顺序号。

第十条　公文的版式按照《党政机关公文格式》国家标准执行。

第十一条　公文使用的汉字、数字、外文字符、计量单位和标点符号，按照有关国家标准和规定执行。民族自治地方的公文，可以并用汉字和当地通用的少数民族文字。

第十二条　公文用纸幅面采用国际标准 A4 型。特殊形式的公文用纸幅面，根据实际需要确定。

第四章　行文规则

第十三条　行文应当确有必要，讲求实效，注重针对性和可操作性。

第十四条　行文关系根据隶属关系和职权范围确定。一般不得越级行文，特殊情况需要越级行文的，应当同时抄送被越过的机关。

第十五条　向上级机关行文，应当遵循以下规则：

（一）原则上主送一个上级机关，根据需要同时抄送其他相关上级机关和同级机关，不抄送下级机关。

（二）党委、政府的部门向上级主管部门请示、报告重大事项，应当经本级党委、政府同意或者授权，属于部门职权范围内的事项应直接报送上级主管部门。

（三）下级机关的请示事项，如需以本机关名义向上级机关请示，应当提出倾向性意见后上报。不得原文转报上级机关。

（四）请示应当一文一事，不得在报告等非请示性公文中夹带请示事项。

（五）除上级机关负责人直接交办事项外，不得以本机关名义向上级机关负责人报送公文，也不得以本机关负责人名义向上级机关报送公文。

（六）受双重领导的机关向一个上级机关行文，必要时应当抄送另一个上级机关。

（七）不符合行文规则的上报公文，上级机关的文秘部门可退回下级呈报机关。

第十六条　向下级机关行文，应当遵循以下规则：

（一）主送受理机关，根据需要抄送相关机关。重要行文应当同时抄送发文机关的直接上级机关。

（二）党委、政府的办公厅（室）根据本级党委、政府授权，可以向下级党委、政府行文，其他部门和单位不得向下级党委、政府发布指令性公文或者在公文中向下级党委、政府提出指令性要求。需经政府审批的具体事项，经政府同意可由政府职能部门行文，文中需注明已经政府同意。

（三）党委、政府的部门在各自职权范围内可以向下级党委、政府的相关部门行文。

（四）涉及多个部门职权范围内的事务，部门之间未协商一致的，不得向下行文；擅自行文的，上级机关应当责令其纠正或者撤销。

（五）上级机关向受双重领导的下级机关行文，必要时抄送该下级机关的另一个上级机关。

第十七条　同级党政机关、党政机关与其他同级机关必要时可以联合行文。属于党委、政府各自职权范围内的工作，不得联合行文。党委、政府的部门依据职权可以相互行文。部门内设机构除办公厅（室）外不得对外正式行文。

第五章　公文拟制

第十八条　公文拟制包括公文的起草、审核、签发等程序。

第十九条　公文起草应当做到：

（一）符合国家的法律法规和党的路线方针政策，完整准确体现发文机关意图，并同现行有关公文相衔接。

（二）一切从实际出发，分析问题实事求是，所提政策措施和办法切实可行。

（三）内容简洁，主题突出，观点鲜明，结构严谨，表述准确，文字精练。

（四）文种正确，格式规范。

（五）公文涉及其他部门职权范围事项的，起草单位必须征求相关部门意见，力求达成一致。

（六）深入调查研究，充分进行论证，广泛听取意见。

（七）机关负责人应当主持、指导重要公文起草工作。

第二十条　公文文稿签发前，应当由发文机关办公厅（室）进行审核。审核的重点是：

（一）行文理由是否充分，行文依据是否准确。

（二）内容是否符合国家法律法规和党的路线方针政策；是否完整准确体现发文机关意图；是否同现行有关公文相衔接；所提政策措施和办法是否切实可行。

（三）涉及有关地区或者部门职权范围的事项是否经过充分协商并达成一致意见。

（四）文种是否正确，格式是否规范；人名、地名、时间、数字、段落顺序、引文等是否准确；文字、数字、计量单位和标点符号等用法是否符合规定。

（五）其他内容是否符合公文起草的有关要求。

需要发文机关审议的重要公文文稿，审议前由发文机关办公厅（室）进行初核。

第二十一条　经审核不宜发文的公文文稿，应当退回起草单位并说明理由；符合发文条件但内容需作进一步研究和修改的，由起草单位修改后重新报送。

第二十二条　公文应当经本机关负责人审批签发。重要公文和上行文由机关主要负责人签发。党委、政府的办公厅（室）根据党委、政府授权制发的公文，由受权机关主要负责人签发或者按照有关规定签发。签发人签发公文，应当签署意见、姓名和完整日期；圈阅或者签名的，视为同意。联合行文由所有联署机关的负责人会签。

第六章　公文办理

第二十三条　公文办理包括收文办理、发文办理和整理归档。

第二十四条　收文办理主要程序是：

（一）签收。对收到的公文应当逐件清点，核对无误后签字或者盖章，并注明签收时间。

（二）登记。对公文的主要信息和办理情况应当详细记载。

（三）初审。对收到的公文应当进行初审。初审的重点是：是否应当由本机关办理，是否符合行文规则，文种、格式是否符合要求，涉及其他地区或者部门职权范围的事项是否已经协商、会签；是否符合公文起草的其他要求。经初审不符合规定的公文，应当及时退回来文单位并说明理由。

（四）承办。阅知性公文应当根据公文内容、要求和工作需要确定范围后分送。批办性公文应当提出拟办意见报本机关负责人批示或者转有关部门办理；需要两个以上部门办理的，应当明确主办部门。紧急公文应当明确办理时限。承办部门对交办的公文应当及时办理，有明确办理时限要求的应当在规定时限内办理完毕。

（五）传阅。根据领导批示和工作需要将公文及时送传阅对象阅知或者批示。办理公文传阅应当随时掌握公文去向，不得漏传、误传、延误。

（六）催办。及时了解掌握公文的办理进展情况，督促承办部门按期办结。紧急公文或者重要公文应当由专人负责催办。

（七）答复。公文的办理结果应当及时答复来文单位，并根据需要告知相关单位。

第二十五条　发文办理主要程序是：

（一）复核。已经发文机关负责人签批的公文，印发前应当对公文的审批手续、内容、文种、格式等进行复核；需作实质性修改的，应当报原签批人复审。

（二）登记。对复核后的公文，应当确定发文字号、分送范围和印制份数并详细记载。

（三）印制。公文印制必须确保质量和时效。涉密公文应当在符合保密要求的场所印制。

（四）核发。公文印制完毕，应当对公文的文字、格式和印刷质量进行检查后分发。

第二十六条　涉密公文应当通过机要交通、邮政机要通信、城市机要文件交换站或者收发件机关机要收发人员进行传递，通过密码电报或者符合国家保密规定的计算机信息系统进行传输。

第二十七条　需要归档的公文及有关材料，应当根据有关档案法律法规及机关档案管理规定，及时收集齐全、整理归档。两个以上机关联合办理的公文，原件由主办机关归档，相关机关保存复制件。机关负责人兼任其他机关职务的，在履行所兼职务过程中形成的公文，由其兼职机关归档。

第七章　公文管理

第二十八条　各级党政机关应当建立健全本机关公文管理制度，确保管理严格规范，充分发挥公文效用。

第二十九条　党政机关公文由文秘部门或者专人统一管理。设立党委（党组）的县级以上单位应建立机要保密室和机要阅文室,并按有关保密规定配备工作人员和必要的安全保密设施。

第三十条　公文确定密级前，应当按照拟定的密级先行采取保密措施。确定密级后，应当按照所定密级严格管理。绝密级公文应当由专人管理。公文的密级需要变更或者解除的，由原确定密级的机关或者其上级机关决定。

第三十一条　公文的印发传达范围应当按照发文机关的要求执行；需要变更的，应当经发文机关批准。涉密公文公开发布前应当履行解密程序。公开发布的时间、形式和渠道，由发文机关确定。经批准公开发布的公文，同发文机关正式制发的公文具有同等效力。

第三十二条　复制、汇编机密级、秘密级公文，应当符合有关规定并经本机关负责人批准。绝密级公文一般不得复制、汇编，确有工作需要的，应当经发文机关或者其上级机关批准。复制、汇编的公文视同原件管理。

复制件应当加盖复制机关戳记。翻印件应当注明翻印的机关名称、日期。汇编本的密级按照编入公文的最高密级标注。

第三十三条　公文的撤销和废止，由发文机关、上级机关或者权力机关根据职权范围和有关法律法规决定。公文被撤销的，视为自始无效；公文被废止的，视为自废止之日起失效。

第三十四条　涉密公文应当按照发文机关的要求和有关规定进行清退或者销毁。

第三十五条　不具备归档和保存价值的公文，经批准后可以销毁。销毁涉密公文必须严格按照有关规定履行审批登记手续，确保不丢失、不漏销。个人不得私自销毁、留存涉密公文。

第三十六条　机关合并时，全部公文应当随之合并管理；机关撤销时，需要归档的公文整理后按照有关规定移交档案管理部门。

工作人员调离岗位时，所在机关应当督促其将暂存、借用的公文按照有关规定移交、清退。

第三十七条　新设立的机关应当向党委、政府的办公厅（室）提出发文立户申请。经审查符合条件的，列为发文单位，机关合并或者撤销时，相应进行调整。

第八章　附则

第三十八条　党政机关公文含电子公文。电子公文处理工作的具体办法另行制定。

第三十九条　法规、规章方面的公文，依照有关规定处理。外事方面的公文，依照外事主管部门的有关规定处理。

第四十条　其他机关和单位的公文处理工作，可以参照本条例执行。

第四十一条　本条例由中共中央办公厅、国务院办公厅负责解释。

第四十二条　本条例自2012年7月1日起施行。1996年5月3日中共中央办公厅印发的《中国共产党机关公文处理条例》和2000年8月24日国务院发布的《国家行政机关公文处理办法》停止执行。

附录B

党政机关公文格式

GB/T 9704—2012

1　范围

本标准规定了党政机关公文通用的纸张要求、排版和印制装订要求、公文格式各要素的编排规则，并给出了公文的式样。

本标准适用于各级党政机关制发的公文。其他机关和单位的公文可以参照执行。

使用少数民族文字印制的公文，其用纸、幅面尺寸及版面、印制等要求按照本标准执行，其余可以参照本标准并按照有关规定执行。

2　规范性引用文件

下列文件对于本标准的应用是必不可少的。凡是注日期的引用文件，仅所注日期的版本适用于本标准。凡是不注日期的引用文件，其最新版本（包括所有的修改单）适用于本标准。

GB/T 148　印刷、书写和绘图纸幅面尺寸

GB 3100　国际单位制及其应用

GB 3101　有关量、单位和符号的一般原则

GB 3102（所有部分）　量和单位

GB/T 15834　标点符号用法

GB/T 15835　出版物上数字用法

3　术语和定义

下列术语和定义适用于本标准。

3.1

字　word

标示公文中横向距离的长度单位。在本标准中，一字指一个汉字宽度的距离。

3.2

行　line

标示公文中纵向距离的长度单位。在本标准中，一行指一个汉字的高度加 3 号汉字高度的 7/8 的距离。

4　公文用纸主要技术指标

公文用纸一般使用纸张定量为 60 g/m^2~80 g/m^2 的胶版印刷纸或复印纸。纸张白度 80%~90%，横向耐折度≥15 次，不透明度≥85%，pH 值为 7.5~9.5。

5　公文用纸幅面尺寸及版面要求

5.1　幅面尺寸

公文用纸采用 GB/T 148 中规定的 A4 型纸，其成品幅面尺寸为：210 mm×297 mm。

5.2　版面

5.2.1　页边与版心尺寸

公文用纸天头（上白边）为 37 mm ± 1 mm，公文用纸订口（左白边）为 28mm ± 1mm，版心尺寸为 156 mm×225 mm。

5.2.2　字体和字号

如无特殊说明，公文格式各要素一般用 3 号仿宋体字。特定情况可以作适当调整。

5.2.3　行数和字数

一般每面排 22 行，每行排 28 个字，并撑满版心。特定情况可以作适当调整。

5.2.4　文字的颜色

如无特殊说明，公文中文字的颜色均为黑色。

6　印制装订要求

6.1　制版要求

版面干净无底灰，字迹清楚无断划，尺寸标准，版心不斜，误差不超过 1 mm。

6.2　印刷要求

双面印刷；页码套正，两面误差不超过 2 mm。黑色油墨应当达到色谱所标 BL100%，红色油墨应当达到色谱所标 Y80%、M80%。印品着墨实、均匀；字面不花、不白、无断划。

6.3　装订要求

公文应当左侧装订，不掉页，两页页码之间误差不超过 4 mm，裁切后的成品尺寸允许误差 ± 2mm，四角成 90º，无毛茬或缺损。

骑马订或平订的公文应当：

a）订位为两钉外订眼距版面上下边缘各 70 mm 处，允许误差 ± 4mm；

b）无坏钉、漏钉、重钉，钉脚平伏牢固；

c）骑马订钉锯均订在折缝线上，平订钉锯与书脊间的距离为 3mm~5mm。

包本装订公文的封皮（封面、书脊、封底）与书芯应吻合、包紧、包平、不脱落。

7　公文格式各要素编排规则

7.1　公文格式各要素的划分

本标准将版心内的公文格式各要素划分为版头、主体、版记三部分。公文首页红色分隔线以上的部分称为版头；公文首页红色分隔线（不含）以下、公文末页首条分隔线（不含）以上的部分称为主体；公文末页首条分隔线以下、末条分隔线以上的部分称为版记。

页码位于版心外。

7.2　版头

7.2.1　份号

如需标注份号，一般用 6 位 3 号阿拉伯数字，顶格编排在版心左上角第一行。

7.2.2　密级和保密期限

如需标注密级和保密期限，一般用 3 号黑体字，顶格编排在版心左上角第二行；保密期限中的数字用阿拉伯数字标注。

7.2.3　紧急程度

如需标注紧急程度，一般用 3 号黑体字，顶格编排在版心左上角；如需同时标注份号、密级和保密期限、紧急程度，按照份号、密级和保密期限、紧急程度的顺序自上而下分行排列。

7.2.4　发文机关标志

由发文机关全称或者规范化简称加“文件”二字组成，也可以使用发文机关全称或者规范化简称。

发文机关标志居中排布，上边缘至版心上边缘为 35mm，推荐使用小标宋体字，颜色为红色，以醒目、美观、庄重为原则。

联合行文时，如需同时标注联署发文机关名称，一般应当将主办机关名称排列在前；如有“文件”二字，应当置于发文机关名称右侧，以联署发文机关名称为准上下居中排布。

7.2.5　发文字号

编排在发文机关标志下空二行位置，居中排布。年份、发文顺序号用阿拉伯数字标注；年份应标全称，用六角括号“〔 〕”括入；发文顺序号不加“第”字，不编虚位（即 1 不编为 01），在阿拉伯数字后加“号”字。

上行文的发文字号居左空一字编排，与最后一个签发人姓名处在同一行。

7.2.6　签发人

由“签发人”三字加全角冒号和签发人姓名组成，居右空一字，编排在发文机关标志下空二行位置。“签发人”三字用 3 号仿宋体字，签发人姓名用 3 号楷体字。

如有多个签发人，签发人姓名按照发文机关的排列顺序从左到右、自上而下依次均匀编排，一般每行排两个姓名，回行时与上一行第一个签发人姓名对齐。

7.2.7 版头中的分隔线

发文字号之下 4 mm 处居中印一条与版心等宽的红色分隔线。

7.3 主体

7.3.1 标题

一般用 2 号小标宋体字，编排于红色分隔线下空二行位置，分一行或多行居中排布；回行时，要做到词意完整，排列对称，长短适宜，间距恰当，标题排列应当使用梯形或菱形。

7.3.2 主送机关

编排于标题下空一行位置，居左顶格，回行时仍顶格，最后一个机关名称后标全角冒号。如主送机关名称过多导致公文首页不能显示正文时，应当将主送机关名称移至版记，标注方法见 7.4.2。

7.3.3 正文

公文首页必须显示正文。一般用 3 号仿宋体字，编排于主送机关名称下一行，每个自然段左空二字，回行顶格。文中结构层次序数依次可以用 “一、” “(一)” “1.” “(1)” 标注；一般第一层用黑体字、第二层用楷体字、第三层和第四层用仿宋体字标注。

7.3.4 附件说明

如有附件，在正文下空一行左空二字编排“附件”二字，后标全角冒号和附件名称。如有多个附件，使用阿拉伯数字标注附件顺序号（如“附件：1.XXXXX”）；附件名称后不加标点符号。附件名称较长需回行时，应当与上一行附件名称的首字对齐。

7.3.5 发文机关署名、成文日期和印章

7.3.5.1 加盖印章的公文

成文日期一般右空四字编排，印章用红色，不得出现空白印章。

单一机关行文时，一般在成文日期之上、以成文日期为准居中编排发文机关署名，印章端正、居中下压发文机关署名和成文日期，使发文机关署名和成文日期居印章中心偏下位置，印章顶端应当上距正文（或附件说明）一行之内。

联合行文时，一般将各发文机关署名按照发文机关顺序整齐排列在相应位置，并将印章一一对应、端正、居中下压发文机关署名，最后一个印章端正、居中下压发文机关署名和成文日期，印章之间排列整齐、互不相交或相切，每排印章两端不得超出版心，首排印章顶端应当上距正文（或附件说明）一行之内。

7.3.5.2 不加盖印章的公文

单一机关行文时，在正文（或附件说明）下空一行右空二字编排发文机关署名，在发文机关署名下一行编排成文日期，首字比发文机关署名首字右移二字，如成文日期长于发文机关署名，应当使成文日期右空二字编排，并相应增加发文机关署名右空字数。

联合行文时，应当先编排主办机关署名，其余发文机关署名依次向下编排。

7.3.5.3 加盖签发人签名章的公文

单一机关制发的公文加盖签发人签名章时，在正文（或附件说明）下空二行右空四字加盖签发人签名章，签名章左空二字标注签发人职务，以签名章为准上下居中排布。在签发人签名章下空一行右空四字编排成文日期。

联合行文时，应当先编排主办机关签发人职务、签名章，其余机关签发人职务、签名章依次向下编排，与主办机关签发人职务、签名章上下对齐；每行只编排一个机关的签发人职务、

签名章；签发人职务应当标注全称。

签名章一般用红色。

7.3.5.4　成文日期中的数字

用阿拉伯数字将年、月、日标全，年份应标全称，月、日不编虚位（即1不编为01）。

7.3.5.5　特殊情况说明

当公文排版后所剩空白处不能容下印章或签发人签名章、成文日期时，可以采取调整行距、字距的措施解决。

7.3.6　附注

如有附注，居左空二字加圆括号编排在成文日期下一行。

7.3.7　附件

附件应当另面编排，并在版记之前，与公文正文一起装订。“附件”二字及附件顺序号用3号黑体字顶格编排在版心左上角第一行。附件标题居中编排在版心第三行。附件顺序号和附件标题应当与附件说明的表述一致。附件格式要求同正文。

如附件与正文不能一起装订，应当在附件左上角第一行顶格编排公文的发文字号并在其后标注“附件”二字及附件顺序号。

7.4　版记

7.4.1　版记中的分隔线

版记中的分隔线与版心等宽，首条分隔线和末条分隔线用粗线（推荐高度为0.35 mm），中间的分隔线用细线（推荐高度为0.25 mm）。首条分隔线位于版记中第一个要素之上，末条分隔线与公文最后一面的版心下边缘重合。

7.4.2　抄送机关

如有抄送机关，一般用4号仿宋体字，在印发机关和印发日期之上一行、左右各空一字编排。“抄送”二字后加全角冒号和抄送机关名称，回行时与冒号后的首字对齐，最后一个抄送机关名称后标句号。

如需把主送机关移至版记，除将“抄送”二字改为“主送”外，编排方法同抄送机关。既有主送机关又有抄送机关时，应当将主送机关置于抄送机关之上一行，之间不加分隔线。

7.4.3　印发机关和印发日期

印发机关和印发日期一般用4号仿宋体字，编排在末条分隔线之上，印发机关左空一字，印发日期右空一字，用阿拉伯数字将年、月、日标全，年份应标全称，月、日不编虚位（即1不编为01），后加“印发”二字。

版记中如有其他要素，应当将其与印发机关和印发日期用一条细分隔线隔开。

7.5　页码

一般用4号半角宋体阿拉伯数字，编排在公文版心下边缘之下，数字左右各放一条一字线；一字线上距版心下边缘7 mm。单页码居右空一字，双页码居左空一字。公文的版记页前有空白页的，空白页和版记页均不编排页码。公文的附件与正文一起装订时，页码应当连续编排。

8　公文中的横排表格

A4纸型的表格横排时，页码位置与公文其他页码保持一致，单页码表头在订口一边，双页码表头在切口一边。

9 公文中计量单位、标点符号和数字的用法

公文中计量单位的用法应当符合 GB 3100、GB 3101 和 GB 3102（所有部分），标点符号的用法应当符合 GB/T 15834，数字用法应当符合 GB/T 15835。

10 公文的特定格式

10.1 信函格式

发文机关标志使用发文机关全称或者规范化简称，居中排布，上边缘至上页边为 30mm，推荐使用红色小标宋体字。联合行文时，使用主办机关标志。

发文机关标志下 4 mm 处印一条红色双线（上粗下细），距下页边 20 mm 处印一条红色双线（上细下粗），线长均为 170 mm，居中排布。

如需标注份号、密级和保密期限、紧急程度，应当顶格居版心左边缘编排在第一条红色双线下，按照份号、密级和保密期限、紧急程度的顺序自上而下分行排列，第一个要素与该线的距离为 3 号汉字高度的 7/8。

发文字号顶格居版心右边缘编排在第一条红色双线下，与该线的距离为 3 号汉字高度的 7/8。

标题居中编排，与其上最后一个要素相距二行。

第二条红色双线上一行如有文字，与该线的距离为 3 号汉字高度的 7/8。

首页不显示页码。

版记不加印发机关和印发日期、分隔线，位于公文最后一面版心内最下方。

10.2 命令（令）格式

发文机关标志由发文机关全称加“命令”或“令”字组成，居中排布，上边缘至版心上边缘为 20 mm，推荐使用红色小标宋体字。

发文机关标志下空二行居中编排令号，令号下空二行编排正文。

签发人职务、签名章和成文日期的编排见 7.3.5.3。

10.3 纪要格式

纪要标志由“XXXXX 纪要”组成，居中排布，上边缘至版心上边缘为 35 mm，推荐使用红色小标宋体字。

标注出席人员名单，一般用 3 号黑体字，在正文或附件说明下空一行左空二字编排“出席”二字，后标全角冒号，冒号后用 3 号仿宋体字标注出席人单位、姓名，回行时与冒号后的首字对齐。

标注请假和列席人员名单，除依次另起一行并将“出席”二字改为“请假”或“列席”外，编排方法同出席人员名单。

纪要格式可以根据实际制定。

11 式样

A4 型公文用纸页边及版心尺寸见图 1；公文首页版式见图 2；联合行文公文首页版式 1 见图 3；联合行文公文首页版式 2 见图 4；公文末页版式 1 见图 5；公文末页版式 2 见图 6；联合行文公文末页版式 1 见图 7；联合行文公文末页版式 2 见图 8；附件说明页版式见图 9；带附件公文末页版式见图 10；信函格式首页版式见图 11；命令（令）格式首页版式见图 12。

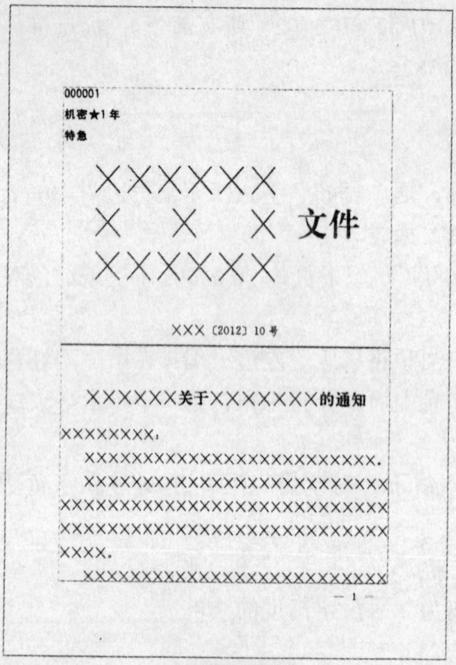

000001
机密★1年
特急

××××××
×　×　×　文件
××××××

×××〔2012〕10号

××××××关于×××××××的通知

××××××××：
××××××××××××××××××××××××××。
×××××××××××××××××××××××××××
×××××××××××××××××××××××××××××
×××××××××××××××××××××××××××××
××××。
×××××××××××××××××××××××××××

— 1 —

图3　联合行文公文首页版式1

注：版心实线框仅为示意，在印制公文时并不印出。

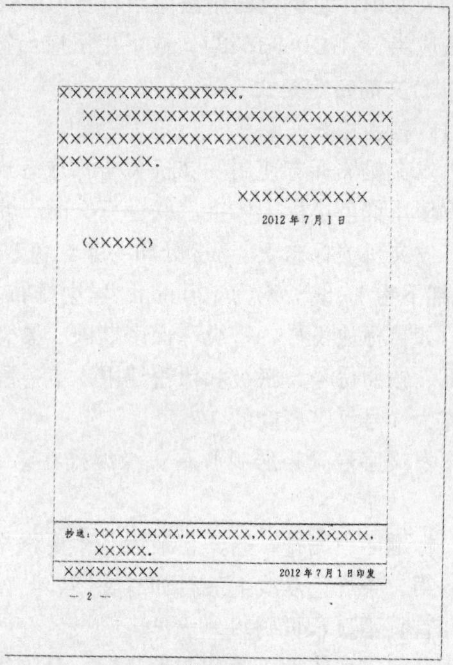

××××××××××××××。
×××××××××××××××××××××××××××
×××××××××××××××××××××××××××××
×××××××××。

××××××××××××
2012年7月1日

（×××××）

抄送：××××××××，××××××，×××××，×××××，
×××××。
×××××××××　2012年7月1日印发

— 2 —

图6　公文末页版式2

注：版心实线框仅为示意，在印制公文时并不印出。

××××××××××××××。
×××××××××××××××××××××××××××
×××××××××××××××××××××××××××××
×××××××××××。

2012年7月1日

（×××××）

抄送：××××××××，××××××，×××××，×××××，
×××××。
×××××××××　2012年7月1日印发

— 2 —

图7　联合行文公文末页版式1

注：版心实线框仅为示意，在印制公文时并不印出。

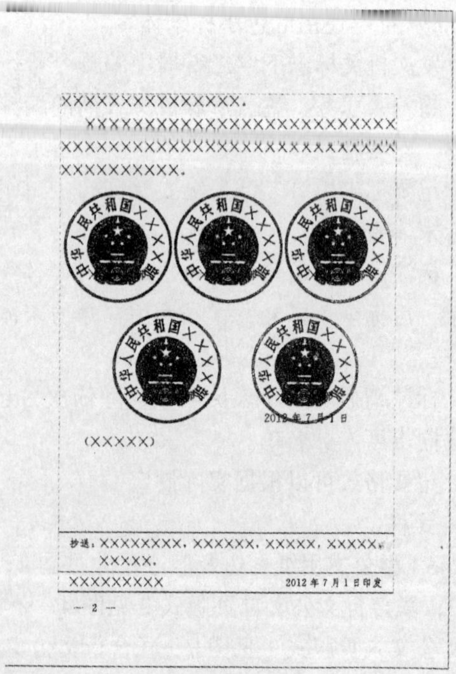

××××××××××××××。
×××××××××××××××××××××××××××
×××××××××××××××××××××××××××××
×××××××××××。

2012年7月1日

（×××××）

抄送：××××××××，××××××，×××××，×××××，
×××××。
×××××××××　2012年7月1日印发

— 2 —

图8　联合行文公文末页版式2

注：版心实线框仅为示意，在印制公文时并不印出。

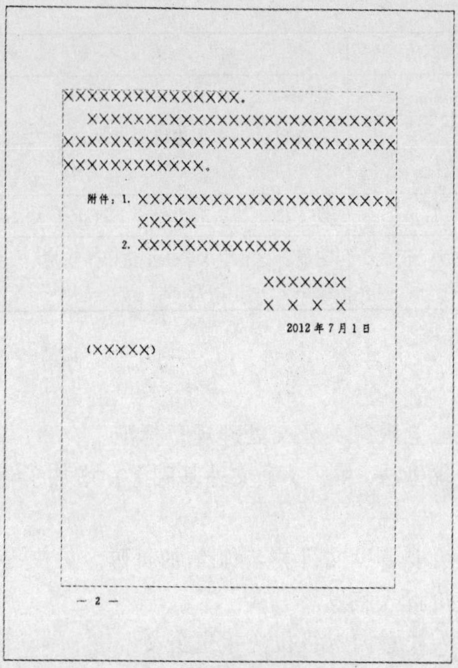

XXXXXXXXXXXXXXX。

XXXXXXXXXXXXXXXXXXXXXXXXXXXXXXXXXXXXXXXXXXXXXXXXXXXXXXXXXXXXXXXXX。

附件：1. XXXXXXXXXXXXXXXXXXXXXXXXXX

2. XXXXXXXXXXXXX

XXXXXXX
X X X X
2012 年 7 月 1 日

（XXXXX）

— 2 —

图 9　附件说明页版式

注：版心实线框仅为示意，在印制公文时并不印出。

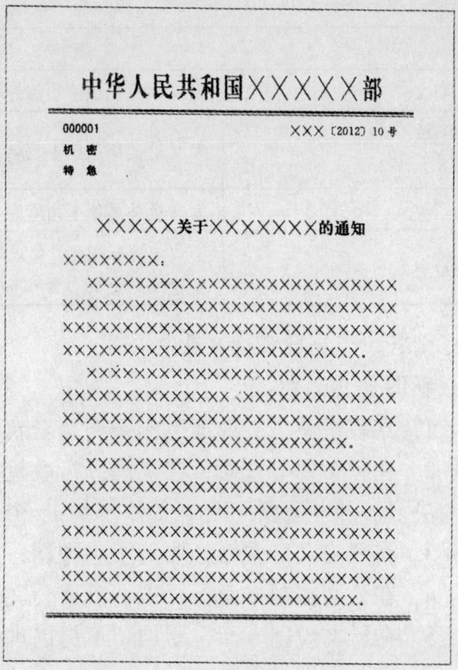

中华人民共和国XXXXX部

000001　　XXX〔2012〕10 号
机　密
特　急

XXXXX关于XXXXXXX的通知

XXXXXXXXX：

XXXXXXXXXXXXXXXXXXXXXXXXXXXXXXXXXXXXXXXXXXXXXXXXXXXXXXXXXXXXXXXXXXXXXXXXXXXXXXXXXXXXXXXXXXXXXXXXX。

XXXXXXXXXXXXXXXXXXXXXXXXXXXXXXXXXXXXXXXXXXXXXXXXXXXXXXXXXXXXXXXXXXXXXXXXXXXXXXXXXXXXXXXXXXXXXXXXXXX。

XXXXXXXXXXXXXXXXXXXXXXXXXXXXXXXXXXXXXXXXXXXXXXXXXXXXXXXXXXXXXXXXXXXXXXXXXXXXXXXXXXXXXXXXXXXXXXXXXXXXXXXXXXXXXXXXXXXXXXXXXXXXXXXXXXXXXXXXXXXXXXXXXXXXX。

图 11　信函格式首页版式

注：版心实线框仅为示意，在印制公文时并不印出。

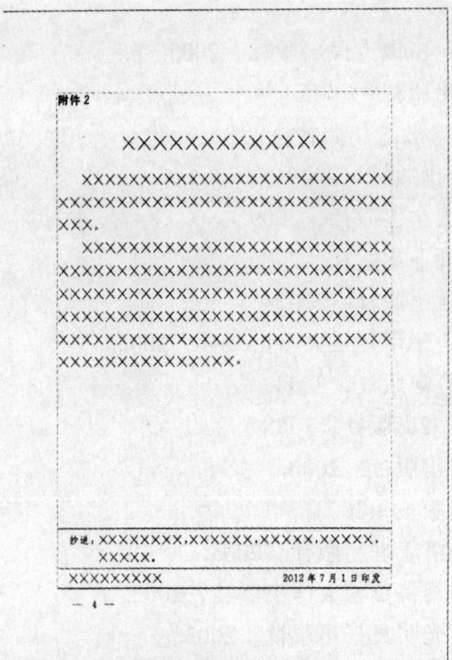

附件 2

XXXXXXXXXXXXX

XXXXXXXXXXXXXXXXXXXXXXXXXXXXXXXXXXXXXXXXXXXXXXXXXXXXX。

XXXXXXXXXXXXXXXXXXXXXXXXXXXXXXXXXXXXXXXXXXXXXXXXXXXXXXXXXXXXXXXXXXXXXXXXXXXXXXXXXXXXXXXXXXXXXXXXXXXXXXXXXXXXXXXXXXXXXXXXXXXXXXXXXXXXX。

抄送：XXXXXXXX，XXXXXX，XXXXX，XXXXX，XXXXX。

XXXXXXXXX　　2012 年 7 月 1 日印发

— 4 —

图 10　带附件公文末页版式

注：版心实线框仅为示意，在印制公文时并不印出。

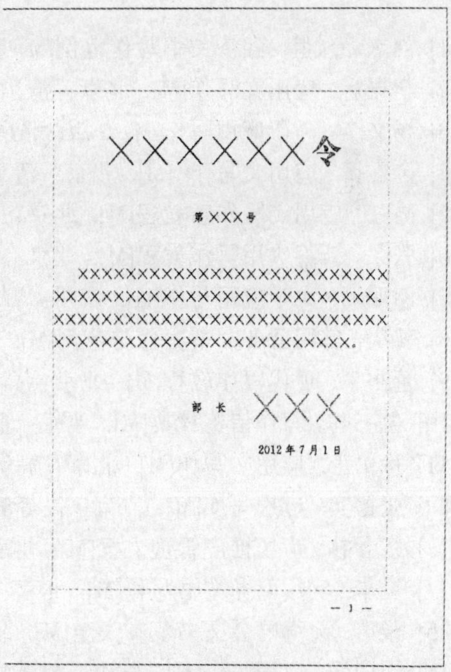

XXXXXX令

第 XXX 号

XXXXXXXXXXXXXXXXXXXXXXXXXXXXXXXXXXXXXXXXXXXXXXXXXXX。XXXXXXXXXXXXXXXXXXXXXXXXXXXXXXXXXXXXXXXXXXXXXXXXXXX。

部　长　XXX

2012 年 7 月 1 日

— 1 —

图 12　命令（令）格式首页版式

注：版心实线框仅为示意，在印制公文时并不印出。

公文格式变化

<table>
<tr><th>行文关系</th><th>原格式</th><th>新格式</th></tr>
<tr><td>上行文</td><td>发文机关标识上边缘距上页边为 117mm。</td><td rowspan="2">发文机关标志上边缘距上页边为 72mm。</td></tr>
<tr><td>下行文
（平行文）</td><td>发文机关标识距上页边为 62mm。</td></tr>
<tr><td>信函格式</td><td>发文机关名称上边缘距上页边为 30mm。</td><td>发文机关标志上边缘距上页边为 30mm。</td></tr>
<tr><td>纪要格式</td><td>会议纪要标识由“×××××会议纪要”组成，上边缘距上页边为 62mm。</td><td>纪要标志由“XXXXX 纪要”组成，上边缘距上页边为 72mm。</td></tr>
</table>

请各单位据此设计文头。

新旧公文区别

1. 党政机关公文处理工作条例是全新的首次统一党政机关公文处理规范标准。

2. 在“文种”方面，在《国家行政机关公文处理办法》的 13 个文种基础上，增加了党委的“决议”和“公报”两个文种，共 15 个文种。

3. 在“格式”方面，取消了主题词；行政公文也要署发文机关名称;增加页码。

4. 在公文拟制方面，要求“重要公文”由主要负责人签发。

5. 在行文规则方面，增加“不得以本机关负责人民意向上级机关报送公文”。

6. 在公文管理方面，增加发文立户的规定。

参考文献

[1] 刘杰，付胜. 经济文书写作范例[M]. 北京：中国人民出版社，2005.

[2] 李振辉. 应用文写作[M]. 北京：清华大学出版社，2005.

[3] 杨文丰. 高职应用写作[M]. 2 版. 北京：高等教育出版社，2010.

[4] 金常德. 应用文写作 [M]. 北京：清华大学出版社，2007.

[5] 高虹. 应用文写作新教程[M]. 北京：清华大学出版社，2009.

[6] 张荣. 新编应用写作教程[M]. 北京：中国商业出版社，2006.

[7] 谢珊珊. 大学应用写作[M]. 广州：暨南大学出版社，2007.

[8] 郭庆. 实用公务文书写作与范例[M]. 广州：华南理工大学出版社，2003.

[9] 董小玉. 现代写作教程[M]. 北京：高等教育出版社，2008.

[10] 竺一鸣. 写作借鉴辞典[M]. 上海：上海辞书出版社，1988.

[11] 徐中玉. 应用文写作[M]. 北京：高等教育出版社，2000.

[12] 张德实. 应用写作[M]. 北京：高等教育出版社，2003.

[13] 宿春礼. 市场推广管理文案[M]. 北京：经济管理出版社，2003.

[14] 奚华. 实用商务文书写作[M]. 北京：首都经济贸易大学出版社，2002.

[15] 张浩. 新编财会文书范本大全[M]. 北京：光明日报出版社，2003.

[16] 周庆元. 应用写作[M]. 长沙：湖南师范大学出版社，2004.

[17] 张进军. 当代财经应用文写作[M]. 长沙：湖南大学出版社，2004.

[18] 李明义. 应用文书写格式与范本（1–6 卷）[M]. 北京：中央编译出版社，2004.